班级活动管理丛书

U0695652

BANJI HUODONG
GUANLI CONGSHU

如何创造性地开展
班级活动

本书编写组◎编

世界图书出版公司
广州·北京·上海·西安

图书在版编目（CIP）数据

如何创造性地开展班级活动／《如何创造性地开展
班级活动》编写组编 . —广州：世界图书出版广东有限公司，
2011. 3（2024.2 重印）
ISBN 978 - 7 - 5100 - 3345 - 2

Ⅰ. ①如… Ⅱ. ①如… Ⅲ. ①活动课程 - 课程设计 -
中小学 Ⅳ. ①G632. 3

中国版本图书馆 CIP 数据核字（2011）第 036055 号

书　　　名	如何创造性地开展班级活动	
	RU HE CHUANG ZAO XING DE KAI ZHAN BAN JI HUO DONG	
编　　　者	《如何创造性地开展班级活动》编写组	
责任编辑	王　红	
装帧设计	三棵树设计工作组	
出版发行	世界图书出版有限公司　世界图书出版广东有限公司	
地　　　址	广州市海珠区新港西路大江冲 25 号	
邮　　　编	510300	
电　　　话	020–84452179	
网　　　址	http://www.gdst.com.cn	
邮　　　箱	wpc_gdst@163.com	
经　　　销	新华书店	
印　　　刷	唐山富达印务有限公司	
开　　　本	787mm × 1092mm　1/16	
印　　　张	13	
字　　　数	160 千字	
版　　　次	2011 年 3 月第 1 版　2024 年 2 月第 3 次印刷	
国际书号	ISBN　978-7-5100-3345-2	
定　　　价	59.80 元	

版权所有　翻印必究

（如有印装错误，请与出版社联系）

"班级活动管理" 丛书编委会

主 编

王利群　　解放军装甲兵工程学院心理学教授
周作宇　　北京师范大学教授、教育学部部长

编 委

马世晔　　中华人民共和国教育部考试中心
李功毅　　《中国教育报》副总编
王增昌　　《中国教育报》高级编辑
殷小川　　首都体育学院心理教研室教授
张彦杰　　北京市教育考试院
魏 红　　北京师范大学教务处
刘永明　　北京师范大学继续教育与教师培训学院 副研究员
刘艳茹　　北京市顺义区教育研究考试中心，中学高级教师
刘维良　　北京教育学院教育学教授
杨树山　　中国教师研修网执行总编
肖海雁　　山西大同大学心理系主任，教授
张兴成　　西南大学（原西南师范大学）副教授
南秀全　　湖北黄冈特级教师
于 始　　北京光辉书苑教育中心研究员

序　言

　　班级是学校为实现一定的教育的目的，将年龄相同、文化程度大体相同的学生按一定的人数规模建立起来的教育组织。班级不仅是学生接受知识教育的资源、也是学生社会化的资源、学生进行自我教育的资源。整个学校教育功能的发挥主要是在班级活动中实现的，一个班级的集体意识主要是在班级活动中形成的，每位学生自身的潜能同时也可以借助各种各样的班级活动得到挖掘与施展。

　　班级管理是一种有目的、有计划、有步骤的社会活动，这一活动的根本目的是实现当代教育目标，使学生个体得到充分、全面的发展。它需要广大教师朋友们根据一定的目的要求，采用一定的手段措施，带领全班学生，对班级中的各种资源进行计划、组织、协调、控制。班级活动状况直接关系到学生的学习效果，间接影响到学生的生活情趣，同时它对评估教师的教学质量也有一定的影响。

　　班级管理是一个相互协作、彼此互动的过程，也是一个动态发展、不断创新的过程。因此，只有参与班级活动的各个成员积极拿出激情，教师的管理、班干部的协助与班级各成员主动配合，管理者与被管理者大胆尝试、开拓创新，班级活动才能顺利地开展，班级管理才能有效地实施。因此，如何搞好班级管理，开展什么样的班级活动，应该是值得每一位学校、每一位老师，尤其是班主任老师们仔细考虑的。

　　本套丛书以促进学生各项潜能全面、协调发展，促进教师的教学事业的开展为基本出发点，采用基本理论与具体案例相结合的编写形式，分板块、有层次地对班级活动管理进行了归纳与探讨。我们参考了广大教育工作者在班级活动管理中的经验，引述了与此相关的成体系的、并得到教育界普遍认可的理论，借鉴了各地区、各学校成功开展班级活动的优秀案例，理论与实践相结合，抽象与具体相结合，以期为教师朋友们提供一套班级活动行动指南，并在此基础上帮助教师朋友们做好教学工作、搞好班级管理。

其中，《班级活动与班级体教育》阐明了班级管理的专业地位，对班级的教育问题进行了探究；《班级活动的设计与实施》从宏观上介绍了种类繁多、形式各异的班级活动；《如何创造性地开展班级活动》探讨了在新的时代形势、新的教育背景下开展班级活动的创新之途；《优秀班集体的建设与维护》从微观上提出了积极建设优秀班集体，努力维护和谐班集体的观点与建议；《班级活动游戏宝典》专门性地对多种班级游戏做了归纳与分类，针对性地提出了关于班级游戏的参考意见；《主题班会活动设计》五卷则对班会这一最普通、最常见的班级活动进行了细致的划分与专题性探讨，在形式上统一采用"班会目的＋班会准备＋班会过程"的基本编写模式，异中趋同，同中有异。

这套丛书将有助于教师朋友们拓展视野、打开思路，但班级活动管理是否能落到实处，实施中能否得到理想的效果，还是要通过实践的尝试与检验的。诚然，在具体的实施过程中，不可避免还会出现意料之外的种种困难，这就需要我们的教师朋友们具体问题具体分析，在参照我们的理论建议与案例参考的同时，立足自己的实际情况，因时而异做出适当调整。

总而言之，班级活动管理是一项长期的、有意义的任务，在大力提倡素质教育的今天，它又是时代对新课程教育提出的新要求、新考验。虽然在实施的过程中会遇到接踵而至的困难，但我们相信，只要学校加强重视，教师不辍尝试，孩子们终会得到一次又一次有意义的班级活动的，这些未来的建设者们也会在这一次又一次的参与中锻炼能力、收获新知的。

前进路上，我们与你携手并进！

目 录

引　言

　　班级活动,顾名思义,是以班级为单位,以学生为主体,以某一问题为中心,学生进行自我教育的集体活动。实际上,班级活动是一个不很确定、不很统一的概念,有广义和狭义之分。比如从广义上来说,班级里大量的活动是各科的教学活动,教学活动中总蕴含着思想品德教育、政治教育、个性心理品质培养的内容。那么,教学活动算不算班级活动呢? 如果我们在认识上不拘泥于"课外"这一条件,教学活动就是最主要的班级活动了。当我们以"课外"对班级活动加以限定时,又会发生歧义,比如,我们的"班会"课是排在课表里的,劳动技术教育课则是必须进行的课业,它们是作为"课内"还是"课外"呢? 许多语文教师(有些就是班主任),常常利用作文课时间与班主任协作开展一些活动,像演讲比赛、朗诵比赛、参观访问,这些活动又怎么算呢? 当然,各任课教师按教学大纲和教材直接进行的授课活动,班主任的参与度较低,我们不拟加以探讨。

　　为了把对班级活动的探讨,限制在一定范围内,我们不妨对"班级活动"做一狭义的界定:班级活动是指在学科教学以外,教育者为了实现一定的教育目的,组织班级全体成员参加的教育活动,包括综合实践活动、课外活动或"第二课堂"等。

　　班级活动是联系学生与班集体、学生与学生之间的桥梁,能促进班集体的成熟,增强集体的凝聚力,使学生感到集体力量。成功的班级活动往往在学生的记忆中留下难以磨灭的印象。活动既可以丰富他们的精神生活,又能使他们长知识,增才干,对他们的身心健康发展起着极为重要的作用。因此,班级活动是学生思想品德发展的源泉与基础,是班级工作的核心内容。

进入 21 世纪以来,世界各国都在积极进行以课程改革为核心内容的基础教育改革。我国也不例外,在"调整和改革课程体系、结构、内容,建立新的基础教育课程体系"改革目标指引下,开始了新一轮基础教育课程改革。这次改革以创新精神和实践能力的培养为核心确立新的培养目标,不仅重视学生基础知识和基本技能的学习,更重视学生学习过程的方法和引导,情感、态度和价值观的形成。与此同时,在继承我国传统课外活动基础上发展而来的综合实践活动也日益受到世人关注。综合实践活动课程以培养学生的创新精神和实践能力为目标,增强实践环节,引导学生深入社会、学习社会,增强社会责任感,无疑成为传统班级课外活动的有益补充和延伸。

综合实践活动作为我国新一轮基础教育改革的新领域,对广大教师提出了新的机遇和挑战——班级活动每个班主任都要组织开展,那么如何创造性地开展? 我国关于班级活动的研究,尤其是对于综合实践活动的研究,无论是在理论层面,还是实践层面,都还处于起步阶段,本书的编写初衷便是想在这一领域做一有益的尝试和探索。我们从育人目标、应遵守的原则、课程资源的开发、实施策略、有效评价等方面对如何创造性地开展班级活动予以探讨和研究,既有对班级活动的理论认识,又辅以大量案例以使读者了解班级活动的实践成果。

最后,我们衷心希望本书能为广大教师朋友开展班级活动提供一些有益的启发和借鉴,当然,它不可能完全代替教师本身的教学实践工作。这些资源能否真正发挥作用,产生更大的效益,还有赖于教师本身的实践。

第一章　班级活动育人目标的多样化

　　不同的教育教学形式具有不同的教育目的和实现不同教育目的的功能。随着时代的发展，班级活动已经日益成为一种以学生的经验与生活为核心的实践性课程，它着眼于发展学生的综合实践能力、创新精神和探究能力。广大教师如果试图通过丰富多彩的班级活动达到育人目的，首先就要明确班级活动的培养目标，只有这样才能在组织和开展班级活动时有的放矢。在目标设计过程中，要对学生知识与技能、过程与方法、情感态度价值观作整体关注，既要有情感性目标，又要有能力目标和知识性目标。

第一节　情感目标

　　现代心理学认为，儿童阶段是人的兴趣、情感、态度发展的重要时期，在这一时期，如果儿童的精神情感不发达，直接印象积累贫乏，形式主义地掌握大量知识，必然造成人的感受性萎缩。美国哈佛大学的相关课题研究也表明，在一定的年龄以前，逻辑思维的发展与非逻辑思维的发展存在着相互抑制的关系。传统的学科课程体系过多重视知识、方法的传授，致使学生在逻辑、记忆等方面相对擅长，而在情感、态度、创新、交往与合作精神等方面相对薄弱。

　　班级活动的开展正是为了改变传统的课程目标不重视学生精神世界的偏差，致力于学生情感性的培养，使学生具有科学态度和科研道德，具有尊重事实、坚持真理的科学精神；使学生能够尊重差异，尊重他人的想法和成果，具有合作和交流的意愿；使学生具有不断追求进取的精神，磨炼自己勇于探索、勇于克服困难的意志品质；培养学生的使命感和责任感，关注人和环境的和谐发展，深入了解科学对自然、社会、人类的意义和价值，形成一种积极的人生态度；使学生具有好奇心和求知欲，有独立思考的习惯，有强烈的问题意识和怀疑精神。具体的情感性目标包括以下八个方面。

一、体验性

班级活动强调学生通过探究和体验的活动，来获得对身边世界的真实体验和感受，因此，它特别注重培养学生的情感体验。学生尤其在各种社会实践活动中能够切身体验到书本、教师讲授所不能给予的东西，能在体验的过程中形成自己内心的真实感受，在找到解决现实问题的途径的同时，慢慢探索到最适合自己的生活方式和发展方向，进而不断进步、不断成长。

班级活动主要培养学生的三类情感体验：

1. 对自然的体验。主要是学生通过触、听、看等感受大自然的美景，进而崇敬自然，自觉萌发对自然的热爱，产生保护环境的强烈意识。

2. 对人的体验。学生在各种领域的班级活动的过程中，逐渐认识自身的价值，学会自立，学会关心他人如老师、家人、朋友的情感与品格，增进彼此互相了解和信任。

3. 对社会的体验。班级活动重在培养学生的社会责任感和公民责任感、使命感，培养其团体意识和合作意识，培养守纪、协作、友爱的精神，以及自主构筑美好生活的态度与实践精神，培养建立良好的生活环境、社区文化艺术的情感和态度，培养社会互帮意识和爱护公共事业等道德品质。

班级活动为学生开辟了一条与自己生活于其中的世界交互作用、持续发展的渠道，倡导学生对自我、社会和自然之间内在联系的整体认识与情感体验，可使学生、社会、自然获得和谐统一的整体发展。

二、责任感

责任感在心理学上可以定义为个体在心理及行为上对国家、民族、社会发展的一种义务和职责。它是创造性人格中的重要因素，是创造力产生的内部动力，能激发人的巨大的创造力，使人创造性地解决问题。

班级活动通过让学生观察、分析周围社会的现状和变化，了解科学对于自然、社会与人的意义和价值，关心国家与社会的进步，思考人与自然怎样和谐相处、人与人如何友好相待，努力提升自己的精神境界，培养强烈的社会责任感。

三、效力感

效力感又称自我有能感，是个体对自己能力的确信。效力感和万能感具有质的差异。万能感是一种围绕着自己的意图即什么都能够简单地实现的感觉。相对于万能感的效力感，是伴随着为实现愿望而付出的积极努力的积累、聪明才智的发挥、问题解决的过程产生的，它是对自我能力高低的一个正确估价，并能够根据自己的能力所限和不足，正确地面对现实。效力感对于学习计划和练习计划的制订、知识和技能的发挥具有重要功能。

具有万能感的人表现出对他人的优越感；具有无力感的人表现出对自己相对于他人的劣等感；而具有效力感的人，在人生中基于自我的独立性，能够面向自己所喜欢的课题，进行自我发现、自我解决，并且在这个过程中，能够感觉到自己存在的独特意义和对他者的贡献，这是构筑自我幸福的重要感觉。

效力感从婴幼儿期开始，是通过自己与环境的相互作用得到快乐的反应而形成和发展起来的。在活动中，通过感觉环境所发生的变化而获得认知。儿童做出某种反应，按照自己的意图作用于环境，这样能够逐步形成作为能动者、主体者的自我，并且，在长期的复杂的活动过程中，通过应对各种挑战，加深对自我能力的自信。培养个体的效力感，需要为个体营造一定的环境，提供自我探索的活动。班级活动通过学生的自我探索性学习与表现性活动培养和发展学生的效力感，不断增强学习的自信心。

四、合作意识

在经济全球化与专业分工日趋精细的大趋势下，合作意识与能力已经成为人们生存发展的重要品质。

现代教育理论认为：一个人今天在校的学习方式，必然与他明天的社会生存方式保持某种内在的一致性，而合作学习是这种一致性的切入点。美国心理学家玛瑞琳·沃特森指出：给一个公平的、仁慈的、地位平等的团体的每一位能起作用的成员提供与别人一起学习的机会，让其发挥作用，这是非常有益的，它教会孩子们去关注团体中其他成员，发扬利他主义的精神，而其行为则更大程度上体现了自发的亲社会性。

当前，在我们的独生子女化的社会中，学生与同龄人缺少交往和交流，往往不会或不善于与自己朝夕相处的同学交流合作。但世界是开放的，未来的社会需要的是懂得合作、善于合作的人。我们的教育教学活动应该教会学生通过参与式的交流，成为学习的主人，真正在学习的实践中学会学习，在平等民主的基础上与他人相互合作，发挥同学间相互影响、相互启发的教育作用，在主动参与的活动中完成合作意识的内化和协作能力的提高，学会沟通，学会互助，学会分享，既能够尊重他人、理解他人、欣赏他人，又能够使自己更好地得到他人的尊重、理解与欣赏。

班级活动注重学习者之间的合作学习，它有利于学生彼此认同、尊重、理解与宽容态度的养成。另外，班级活动中诸如"生态环境教育"、"国际理解教育"等内容对学生合作意识的养成也发挥着潜移默化的影响。

五、好奇心

所谓好奇心，是指不断地对所处环境内的新异事物和现象所具有的兴趣，并通过活动进一步得到信息。它是由于个体对于知识感到不足而产生的，包括没有明确方向性的扩散性的好奇心和具有明确方向性的特殊的好奇心。

人类个体最初表现为没有方向性的扩散性的好奇心，然后逐步发展为有明确方向性的特殊的好奇心。它伴随着自律性学习活动的过程，不仅培养了个体对于对象的兴趣，而且在进一步的集中性学习中深化了兴趣。

好奇心是使个体产生问题意识和创新意识的前提与基础，它是伴随着孩子们的学习和活动的进行不断发展起来的。有些儿童缺乏问题意识和创新意识，与他们好奇心的缺失有着很大的关系。而学生缺乏好奇心又与他们缺乏自然性、社会性等各种体验有着直接的关系。他们每天被束缚在学校狭小的空间环境内，长期的司空见惯产生了对任何事物的无动于衷。班级活动为学生创造了广阔的时空环境，使学生在拥抱大自然和走向社会的体验活动中，逐步培养起对自然和社会的广泛的好奇心。

六、感动心

感动心是被有价值的事物感动的心理的活动，这种活动是一种"抑制不住的内心激动"。具有感动心的个体不仅能够亲身感受、感觉到外部的事物和现象，而且能够积极地参与其中，产生一种内心能动的、主动的活动。

丰富的感动心是通过体验和行动而形成的。人类个体正是在体验、行动的过程中，在感觉有价值的事物的同时，不断认识自我，发现自我，理解自我，感受到自己的价值，加深自我实现的真情实感，不断增强活动的积极性、主动性。

班级活动在为学生创造体验性活动的过程中，自然地培养和发展起学生对自然、社会的感动心。感动心是形成人的感性认识的基础，是增强理性认识的源泉。

七、自律心

自律心是指按照一定的规范调节自己行为的心理活动，是在寻求调和自我与他人的利益关系达到"共感的理解"时所产生的。自律心在个体3～4岁就开始萌生，但是，在当今少子化、独生子化发展的时代，儿童的行为更多的是以自我为中心，较少按照公共的规范意识来约束自己的行为。

因此，在当今时代，加深儿童对他人的理解，站在对方的立场考虑他人的意识和想法，通过相互交流而相互体谅，能够理解与自己不同的他人的存在，达成共感的理解并约束自己的行为是非常重要的。

班级活动旨在一方面使学生产生合作意识，愿意与他人合作，另一方面也培养和发展学生自我规范、自我约束的意识以及与他人友好相处的态度。

八、共生心

共生的概念已经扩大到世界范围领域内对人类生存问题的解释，涉及了艺术、文化、政治、经济、科学、技术领域，它包括人类与自然、艺术与科学、理性与感性、传统与尖端技术、社区性与世界性、历史与未来、世代间、城市与乡村、海洋与森林、抽象性与具体性、部分与总体、身体与精神、保守与革新、开发与保全等各种各样的概念。

关于共生的概念，日本建筑家黑川纪章作了如下阐述：（1）从蕴涵在对立和矛盾的竞争、紧张中产生新的创造性的关系；（2）对立与合作是必要的，并在相互的理解中建立积极的、肯定的关系；（3）不可能由单方面创造新的可能的关系；（4）尊重相互所具有的个性和领域，扩展相互之间共同的项目；（5）在给予和被给予的大的生命系统中了解自己存在的位置和价值。

共生是尊重异质的、对立的相互独立性，积极地寻求相互生存的关系，它不同于"共存"（避免灾害的并存）、"调和"（对于差异要素的调整）、"妥协"（用共同的项目建立同一性的关系）的方法。

共生心的教育，主要是围绕着环境教育、生命教育和人权、福利、国际理解教育等方面给予学生以一定的影响。人类"地球村"的发展趋势，要求教育以世界一体化的视野培养学生共同生存的态度和意识。人类共生心的形成是建立在人与人、人与环境（自然、社会、文化等）等关系基础上的。学生只有在社区社会中与不同异质的人群（不同年龄、外国人、高龄者、障碍者等）广泛交流，才能理解共生的意义，理解共生的价值，感受生命的重要和生命的有限。班级活动更主要是致力于学生共生心的培养。

案例

一、我是小导游

情感目标：

1. 学生通过为陌生游客主动导游，树立自信心，培养主动学习的能动性。

2. 学生通过了解社区的背景资料和向游客介绍，产生热爱社区的感情，为将来社区建设贡献力量打下情感基础。

3. 学生通过小组合作学习，与同学之间建立和谐的关系，懂得如何与他人和睦相处。

二、饮料与健康

情感目标：

1. 以学生自身的健康问题为出发点，使学生对饮料的选择与身体健康有更深入的了解和认识，培养学生关注自我的意识与健康意识，使学生形成良好的饮食和生活习惯。

2. 通过对饮料与健康的调查研究学习活动，培养学生的自主性学习精神和创新精神。

3. 学生通过请不同的人来担任活动的指导老师，明白生活中处处有老师，随时都有新的问题出现，懂得如何妥善处理这些问题，并学会一些基本的社交技巧。

第二节　能力目标

班级活动需注重于能力和情感的培养，着眼于后天的、显在的、广义的能力概念，强调环境和教育对于学生一般能力的培养，使学生逐步形成提出问题和解决问题的综合能力。能力目标具体包括以下几个方面。

一、认知能力

认知能力是在问题解决过程中表现出来的观察力、记忆力、分析力等能力。个体的认知能力是在一定的探究活动过程中形成的。长期以来，学科课程主要关注对学生认知能力的培养，所以很多人认为班级活动作为实践性课程不需要培养学生的认知能力，其实这是对班级活动的一种误解。

班级活动虽然没有系统知识的传授，但并不意味着不培养学生的认知能力。而事实上在实施班级活动的过程中，尤其是研究性学习的实施更加强了对学生认知能力的培养。学生通过问题解决式的学习过程，增强了自身的观察、分析和判断能力。

班级活动力图通过对自然现象、社会现象的观察和记录、对观察结果和抽样结果的分析等活动形式，培养学生的观察力、记忆力和分析力；通过学生自主地进行资料的收集及分析、研究设计、实施、统计、评价等活动形式，培养学生调查研究的能力。认知能力是思考能力和创新能力发展的基础。

二、思考能力

思考能力不仅包括抽象的逻辑思维能力，而且包括直觉的形象思维能力；不仅包括聚合性思维，而且包括发散性思维；不仅包括常规性思考，而且包括批判性思考等。不同的思维能力、品质需要不同的方式和方法，针对不同的问题内容。

逻辑思维能力的培养，主要通过数的处理、比较分析、假说检验等活动形式进行；形象思维能力的培养，是通过心性的理解、价值判断、自我反省等活动形式进行的。聚合性思维能力主要通过对问题的深入性探究来培养，而发散性思维能力主要通过对问题域的扩充来培养。

班级活动主要是通过综合的、复杂的现实生活问题的解决，培养学生综合解决问题的思考能力，也就是说，各种思考能力的培养是在解决综合性问题中得以统合发展的。

三、创新能力

创新精神和创新能力的培养是班级活动的核心目标。班级活动致力于培养学生的创新能力，主要是指学生在解决问题的过程中能够产生出相对于学生自身的"新的价值"和"新的作品"，而不强调具体的某项发现、发明和创造，并且强调创造能力的培养是建立在学生身心和谐发展的基础之上的，这种创造能力可以说是"自我实现的创造能力"。学生运用自身的可能性去发现、探求各种各样的新知识、新经验，不断使自身的个性朝向理想的目标发展。

班级活动要求学生在学习过程中不拘泥于书本，不墨守成规，充分发挥自己的想象力和主观能动性，独立思考，大胆探索，提出自己的新思路、新观点。它力图通过学生在问题解决过程中，对自然现象和社会现象的观察与记录，以及对观察结果与实验结果的分析等活动形式，培养学生敏锐的洞察力、良好的思维品质，进而促进其创新能力逐步提高。

四、自主探究能力

传统的学科教学存在着重知识传授轻能力培养、重智力因素轻非智力因素等弊端，它使课堂教学变得机械、沉闷和程式化，缺乏生气与乐趣，缺乏对智慧的挑战和对好奇心的激发。同时，它也使学生缺乏研究意识和独立研究能力。而自主探究性学习，努力培养学生自主探究、自主学习的能力，使学生形成善于独立解决问题的良好习惯，是培养学生创新精神的最佳方式。

提倡自主研究、自主探究是班级活动的一大特点。学生通过认真观察自己身边的生活世界，发现自己感兴趣的、与自己的生活息息相关的问题，通过"发现问题——提出解决问题的设想——收集相关的资料——分析资料——得出结论"等一系列过程，达到解决问题的目的。

另外，学生在班级活动中往往以某一主题形式展开探究。如在主题探究过程中，学生要具备资料收集、鉴别、分类整理和归纳概括的能力，并且具备预测和推理的能力。学生在教师的指导下从事某项课题研究，从问题的提出、选题确立、研究的开展、研究资料的收集、统计和整理到研究报告的提交，都是学生自主进行的。这一切都有助于对学生研究能力和自主探究能力的培养。

五、终身学习能力

终身学习的理念是联合国教科文组织提出的。在其提出的题为"学会发展"的主题报告书中，特别强调了终身学习的理念。它指出，传统教育缺乏整体性，注重精英教育，因而主张未来的教育要在学校教育与校外教育间建立完整体系，使教育不再是精英分子的特权，亦不专属于特定的年龄层，而能融入整个社会、每个人的一生。显然，终身学习的理念必须通过教育观念的改变、教育制度的改革、全社会参与教育机会的提供等途径方能具体实现。

终身学习具有以下五个方面的特点：

1. 学习是持续一生的历程。个体在任何生命发展阶段均需不断学习，才能有良好的适应性以跟上社会的变迁与时代潮流。

2. 学习的渠道和方式是多元且弹性的。终身学习体系中的各种形态具有弹性、协调性，学习场所包括了学校、家庭、社区、工作场所等，学习的方式也不再限于面对面的讲授，利用传播媒体和通讯网络也可以进行学习。

3. 学习强调自主的精神（即自我导向的学习）。与有意识、有目的地自然性学习相对，自我导向学习的能力代表一个人不但要对个人的学习负有大部分的责任，而且要知道如何学习。

4. 学习内容无所不包，是一种全人发展的教育。终身学习的内涵是帮助一个人成长，增进各方面的知识、技能与态度。在学习内容上，不仅学习新知识与职业技能，道德伦理、体能健康、社群关系、美学艺术等生活文化也同等重要。

5. 学习是一项权利而不是特权。在终身学习的社会里，所有的国民在一生中皆应有同等的学习机会。终身学习倡导注重全民的学习权，特别是弱势群体的学习机会要受到保障。

知识经济社会需要具有终身学习能力的人，班级活动的实施正是顺应了这一历史性的需要。比如班级活动中的综合实践活动的学习方式以体验式和自主探究式为主，在学习的过程中，学生独立地参与体验和研究活动，根据自己的兴趣产生不同的问题，并以自主的方式收集和整理资料，从而形成更深入的理解并在一定程度上解决问题。在此过程中，他们需要通过上网、查阅书刊、询问他人等手段获得信息，并对信息进行分析、整理和筛选，以形成对问题的独特视角和自我见解。这一过程完全是学生自我学习的过程，以此来培养和增强学生自我学习的意识和能力，使他们具备终身学习、终身发展的可能。

六、交往与交流能力

现代社会，挑战与机遇并存，具备有效的人际交往能力显得尤为重要。在交往能力的培养过程中，一方面，通过学生与同伴以及与异年龄间、异民族间、异国间人们的平等交流与交往，通过国际间、校际间、异年级间、同年级间等集体和小组交流，使学生学会合作、互助、表达、倾听、尊重、理解。另一方面，培养学生利用网络进行信息交流的能力，通过网络信息交流、研究会和发表会的设计、运营、评价等活动形式，使学生具有信息交流的能力。

班级活动实施的过程中，存在着大量的人与人之间、人与信息之间的交流与交往。进行研究性学习，学生需要进行小组合作研究，他们共同承担研究任务，各自负责不同的研究子课题，并通过小组间的交流达成共识，最终促进整个课题研究的有效开展。通过社会实践、社区活动等活动，学生可以走出校园，与社区相关人员进行联系与接触，保证活动的顺利开展和进行。通过这些手段可使学生学会如何与他人交往，如何与小组成员合作，学会解决生活中出现的冲突与纷争，学会让别人分享自己的劳动成果并尊重别人的成果。

七、表现能力

表现能力是将感觉和思考的事物表现出来并能够使自己和他人理解的能力。它是个人的内在世界转化的过程。关于表现能力的培养，传统的分科课程主要致力于文字表现能力以及美术、音乐等艺术表现能力的培养。可是人的表现活动不限于学科课程的范围，它还包括着诸如演说、讨论、实习、戏剧、例会等表现活动。

表现能力主要包括交流能力和综合表现能力。交流能力是自我与他人相互交流的能力。一方面，它是个体通过交流向他人表现自我内心世界的表现能力。关于这种表现能力，美国精神医学者索利凡的研究结果表明，8 岁到 11 岁的儿童，重视同性的亲密的朋友关系。这个时期的儿童开始摆脱自我中心的思考方式，开始重视对方的感受性，并建立亲密的伙伴关系。儿童在亲密的伙伴关系中生成的自我变化是非常重要的。其原因在于，在这之前，由于缺乏知识和以自我为中心的认知形式，导致儿童具有某种错误或者不正确的世界观。但是，当他结成了亲密的伙伴关系之后，就会由自我内在的封闭世界转向伙伴间相互反省的开放世界，通过自我表现由伙伴的感觉来判断和认定自己的行为，从中获得正确的认识。

另一方面，个体通过面向他人的表现，能够通过他人的反应了解自己发出的信息。如果得到对方积极的、肯定性的评价，则能够提高自己的自信。而综合表现能力是个体在解决问题和发表成果时所表现出来的综合的能力。

表现能力的培养，主要是在自我思考、自我发现等集体的表现活动中进行的，它要求我们的教育课程通过学生之间的相互问候、演说、表达、讨论和交流活动等形式，综合地培养学生的表现能力，使学生形成满足感、充实感，在相互认识的过程中建立相互信赖的关系。

班级活动对学生表现能力的培养主要体现在成果交流和成果展示两个方面。学生在进行研究的过程中和研究完成之后，都需要对自己的阶段性成果和最终成果进行展示。此时学生可以采用多种手段相结合进行，如演讲、课本剧、模拟情境、答辩会等，充分展示自己的成果，使他人能够理解、接触，直至达到共感。这些活动锻炼和培养了学生的表现能力，并增强了学生的自信心。

八、领导和参与能力

领导能力是指个体在追求集体目标的过程中表现出来的对于团体或者团体成员以及集体目标达成方面的一定作用和影响能力。诸如对集体或团体目标的设定、计划的制订、全体行为的调整、综合、设计等采取有效的行动，或者说能够使每个成员产生满足感，提高成员的士气。

参与能力是指个体在追求集体目标的过程中表现出来的对于集体行动的支持与配合的能力。

缺少组织领导能力和支持、协作的精神，是当今学生面临的共性问题，尤其是后者。当代社会集团化的发展趋势客观上要求人们具有一定的组织领导能力和协作能力，因此，培养学生具有组织领导能力和被领导能

如何创造性地开展班级活动

力是综合实践活动能力培养的重要目标之一。

领导和参与能力是在集体讨论、作业、问题解决活动的过程中形成和发展起来的，诸如通过学生自我选择主题实践计划、社区社会的协作活动、信息资料的收集以及大型节日活动的设计、组织、排练、演出等，能够充分发挥和调动学生的领导和组织、参与和配合的才能。

围绕着学生领导与参与能力的培养，要求教师能够给予学生经常性的表扬，让学生分担不同的任务角色，积极利用小集体的活动，进行经常性的评价与反馈。这样能够充分给予学生施展领导才能的机会，使学生个体在群体活动的过程中感受和认识到自己的价值、地位。

案例

一、我是小导游

能力目标：

1. 学生通过查找旅游点的相关信息，如：景点介绍，交通情况调查，主要旅游点名称、票价等信息，初步学会如何查找、收集信息，并将之整理成资料。

2. 学生学会如何将自己的研究成果更具体、形象、直观地表达出来，如：采用对话式的交谈法交流心得体会，或用图片、文字等将成果展示出来。

二、饮料与健康

能力目标：

1. 在探究学习中，通过学生对饮料营养知识的查阅，收集整理资料，分析研究资料，得出研究结论，撰写调查研究报告等一系列的实践活动，锻炼学生发现问题，提出问题，分析问题、解决问题的能力。

2. 通过上网、调查实践等研究活动，引导学生学会利用互联网、图书馆以及社会资源自主探究获取知识的学习方法，培养学生自主探究能力和综合实践能力。通过调查河水资源的分布和利用的现状，培养学生获取、筛选、重组信息的能力。

3. 通过实践活动提高学生的调查和实验的设计能力以及合作与交流能力。

第三节　知识目标

人类的知识是多样的，每种知识形态都是相对的真理，它们对人的发展具有不同的功能特点。班级活动是通过学生自主参与、体验、认识、探究与发现等多种学习和活动方式，形成对自然、社会、自我的整体认识。与学科课程重客观的、理性的、学术性知识不同的是，班级活动更重视的是经验性知识、综合性知识及方法性知识的获得。

一、经验性知识

经验性知识，也称体验性知识、临床性知识、生活性知识或日常性知识，是相对于客观的科学性知识而言的，是由学生的直接体验而获得的知识，体现出较强的主观性、个别性和价值性。

从本质上说，人的学习过程无非就是"经验的重组"过程。这里所谓的经验包含了直接经验、间接经验及结果（广义的学习）的全部。所谓的直接经验是学生直接接受自然、社会、文化等环境，做出行动，驱使五官真情实感地把握事物。这种直接经验是感性地、整体地把握事物，借助表象加以表征，所以这种经验是随时可以切入、随时可以发展的综合性经验知识。而利用以往的直接经验以及学科教学中习得的知识和经验，借助当前问题解决中的激活和应用，得以重建、增加新的内容，就是间接经验的获得。

经验性知识是通过接触实际的对象，立足于实际的状况，运用自己的感官作用于对象和实际的状况，通过五官体验具体的对象，从中获得的体验性知识。由体验获得的信息，在其后遇到类似对象和情境时，能够运用于解决实际问题。像这样的经验性知识，未必是作为明确的言语化的知识而积累下来的，而是作为身体感觉运动的知识积累起来的。经验性知识能为今后的学习提供各种各样解释的基础。

经验性知识，重视学生的课题意识、思考的过程和方法，重视直接经验和感受，强调个体经过过程的能动性、体验性和与他人的互动性。可见，经验性知识是学生和谐发展不可或缺的重要组成部分。班级活动关注知识的生活性、多样性及个体价值性，因而，它更侧重于学生经验性知识的获得。

二、综合性知识

综合性知识是相对于分化的学科知识而言的，也称跨学科知识。综合性知识的最基本的特征是学科的交叉性或多学科性和跨学科性。

随着当代科学的发展，人类愈来愈认识到，科学作为一个系统，它不仅仅是一个个单一的学科，还存在大量的多学科知识相互渗透、相互整合的综合性知识。因此，综合性知识越来越得到人们的重视。综合性知识成为班级活动的主要知识目标之一，它以综合性主题的形式组成学习单元，通过设置专门的学习时间而展开。

综合性知识目标实现的方法，一般有如下四种：一是以学问为中心，加强相关学科知识的统整；二是言语和文学的方法，通过言语进行课程的统整；三是主题的方法，以某一主题为中心，结合各学科内容构成课程；四是问题解决的方法，围绕学生所关心的问题，结合各学科内容进行统合。

三、方法性知识

方法性知识是关于学习个体怎样获得知识和技能的方法。它是形成学习者个体的思维力、判断力、问题解决能力的基础。

作为方法性知识，它主要包括信息收集与交流的方法，调查、访问的方法，统计测量的方法，发表和讨论的方法，评价的方法，等等。这些方法是学生未来生存的基础能力，也是一般性的方法知识。同时它也包括一些特殊的方法，如在艺术学科中还要重视鉴赏的方法，等等。

班级活动立足于现实社会生活各种复杂且综合的问题而构建，期望学生在解决这些问题的过程中获取如何收集信息和处理信息、如何进行观察和实验、如何进行表述和交流等方法性知识。

案例

一、我是小导游

知识目标：

1. 学生通过上网查找资料、调查访问两种方式了解世界之窗、海底世界等旅游景点的特点及了解社区的环境特色。

2. 学生能通过调查的方法了解游客的基本情况，学会根据游客的实际情况决定活动的实施步骤。

3. 学生初步掌握制订活动计划的基本方法。

二、饮料与健康

知识目标：

1. 通过搜集资料与亲身实践认识到长期饮用碳酸饮料不利于少年儿童成长发育，从而在选择其他饮料的过程中了解饮料的种类及不同饮料的营养价值。

2. 通过对不同种类饮料的特点的掌握与分析，学会选择健康的饮品，并掌握一定的健康食用饮料的小常识。

3. 在研究过程中使学生了解问卷调查的方法与统计分析的方法，并能够灵活运用。

第二章　开展班级活动要遵循的原则

　　在班集体教育系统中，班级活动与学科课程教学互为补充、相辅相成，共同促进学生的发展。由于内涵与目的上的差异，与学科课程教学相比，班级活动在特征、内容、形式等方面都具有自己的特点，对设计与组织工作提出了独特的原则性要求。从不同的角度来看，班级活动设计与组织有不同的原则，难以一一穷尽，本章只能择其要者加以阐明。

第一节　教育性原则

开展班级活动，不仅要活跃学生的学习生活，而且要寓教育于活动之中，使学生的素质通过生动、活泼、丰富多彩的形式受到教育，得到提高。班级活动，在教育内容上，应根据党和国家的教育方针，突出爱国主义教育、集体主义教育和社会主义教育。

一、爱国主义教育

爱国主义教育是学校教育活动的主线。在班级活动中，我们可进行多种形式的设计。直接抒发自己的爱国主义热情的，如"我在祖国怀抱里成长"诗歌朗诵会、"在我成长的路上"征文比赛；把爱国主义教育与爱校教育结合的，如"我为母校添春色"建校劳动、"我为母校献一计"献计活动；把爱国主义教育与爱人民教育结合的，如"在平凡的岗位上建功立业"劳动模范报告、"在建设祖国的行列中"走访共青示范岗或农村青年专业户活动；把爱国主义教育与爱家乡教育结合的，如"今日家乡在腾飞"信息交流活动、"家乡蓝图任我描绘"活动；把爱国主义教育与革命传统教育结合的，如"烈士墓前的沉思"祭扫活动、《钢铁是怎样炼成的》书评活动，等等。

二、集体主义教育

集体主义教育是学校教育的重要内容。班级活动对创建班集体有着重要作用，在活动中，学生的集体主义意识能得到明显增强。班级活动是以班级为活动单位的，班级活动的质量从一个侧面反映了个体对组织的认同和责任感。如班级可开展"我是家长小助手"家务劳动比赛、"小记者奔向四面八方"调查、"高歌新生活，立志报祖国"看画赛歌、"怎样才能成为生活的主人"小组演讲对抗赛、"让喜讯传遍家乡"为低年级同学演讲等活动。

在这些活动中，学生要学习合作，通过合作取得集体的成功。还可开展班级间共同的活动，如"共同扬起理想的风帆"高低年级联谊、"党旗颂"年级歌咏比赛、"我们向祖国宣誓"18岁成人仪式等。让学生认识到集体的力量、作用和价值，处理好个人与集体的关系，进一步增强合作、增强集体意识。

三、社会主义教育

加强社会主义教育，在进行班级活动设计时要注意：

1. 社会主义教育应与理想教育相结合，鼓励学生树立远大的理想。可设计"迈好青春第一步"、"我为团旗添光辉"、"高擎理想的火炬"和"在党旗的召唤下"等活动。

2. 社会主义教育要与社会实践相结合。既引导学生认识改革开放以来祖国发生的巨大变化，又指导学生认识现存的弊端，激励学生奋发努力，肩负起历史赋予的重任，在现实的基础上帮助学生"夯实"理想。

在班级活动中，要注意运用多种形式提高学生认识、意志、情感等非智力因素，也要注意通过活动增强对学生智力因素的开发和实际能力的提高。例如学科竞赛、通信、征文等活动以及开展活动时主持词的设计、撰写活动后的纪实文章，能提高学生学科学习的积极性。又如调查、论辩、对话、演讲等活动，有利于学生思维能力和口头表达能力的提高。再如家务劳动比赛、野炊活动等，则有利于培养学生生活自理能力。就活动的教育意义而言，并不能片面地理解为单纯的思想道德教育。班级活动的教育意义是多方面的。成功的班级活动应该是"一石多鸟"，具有良好的综合教育效益。

为了取得良好的教育效果，开展活动时应注意内容与形式的统一，寓庄于谐，寓教于乐，以灌输与疏导相结合，以指导与实践相结合，使学生得到提高。

开展活动时，还应注意教育目的的明确和教育手段的巧妙，如开展团的知识教育，除讲座外，还可举行与老共青团员座谈、团的知识论辩、自编团报竞赛、团员之家游艺等活动。以团员之家游艺活动为例，在设计时，可安排"知识角"，介绍团的知识，可用"猜歌名"的形式，介绍团歌和革命传统歌曲。以论辩活动为例，可围绕团的知识设计辩论题，这样在激烈的唇枪舌剑中，真理的旗帜会在学生的心头飘扬。通过这些活动，会使学生在潜移默化中得到教育。因此，班级活动的教育性，不仅要表现在组织活动的动机上，也要表现在活动实施后的效果上，要把两者统一起来。

第二节　个性化原则

　　谈到个性，我们通常想到的是心理学意义上的理解，即一个人不同于他人的相对稳定的心理特征的总和。目前，人们已经把"个性"这个词由心理学范畴扩展到一般的社会生活领域，除了指称人的心理特征之外，还意指社会组织、社会活动、社会关系等的独特特性。从这个意义上来说，班级活动设计与组织的个性化原则首要内涵当然是尊重学生个性，此外，还包括彰显班级个性、突出活动个性等多重含义。

一、尊重学生个性

　　由于文化传统的关系，我们的教育一直强调整齐划一的共性，很多时候要求学生为了集体的共性而放弃自我的个性。学校不是工厂的生产流水线，教育不应以培养规格统一的"标准件"为最终目标。在班级活动的设计与组织中，我们应该尊重并培育学生的个性，让学生生动活泼、个性鲜明地成长。

1. 关注学生的群体个性

　　在班级授课制的背景下，同一个班级的学生年龄相近，身心发展水平和特点也比较近似，这构成了班级学生的群体个性。在班级活动中，班主任要根据本班学生的年龄层次，分析、把握他们的身体发育水平和心理发展特点，依据班级学生的群体个性，有针对性地开展班级活动。班级活动如果过于超越学生现有的发展水平，学生就会因陌生而产生隔膜感；如果大大低于学生现有的发展水平，学生又会因过于熟悉而提不起兴趣。因此，班级活动必须与学生的群体个性大致相当，这样才能起到应有的教育效果。

针对学生的年级特点，在不同的年级，可以开展具有年级特点的活动。

（1）抓年级常规教育。如初一上学期，可设计"做合格的中学生"活动。先进行入学教育，如"当我迈进新校园时"新生谈进校体会、"我是这样起步的"高年级优秀学生介绍，再根据初中学科的特点，开展"我和ABC交朋友"活动，还进行旨在引导学生愉快地度过课间 10 分钟的"欢快的十分钟"小型、多样的体育比赛。

（2）抓年级教育重点。根据初二年级是学生易分化年级的特点，开展"迈好青春第一步"和"我为团旗添光辉"活动。根据初三年级、高三年级都是毕业年级的特点，分别开展"母校永在我心中"和"走向美好的明天"活动。

（3）结合年级实际。起始年级学生学习负担相对轻些，多安排些走出学校的活动，如初一下学期开展"小记者奔向四面八方"调查活动，高一下学期开展"一路欢歌向未来"自行车郊游活动。毕业年级学生学习负担重，应注意使班级活动与学习的联系更紧密些，如初三上学期开展"我最喜爱的一句格言"格言交流、初三下学期开展"在我成长的路上"征文、"同窗情深共勉励"赠言等活动。

2. 尊重学生的个体个性

相较群体个性，个体个性更能标志一个人作为独特自我的存在。在班级活动中，班主任在关注学生群体个性的同时，要尊重、发展学生的个体个性，帮助学生实现个性化成长。

目前，很多班级活动都是少数班干部或有表演特长学生展示自我的舞台，大部分学生往往沦为配角，甚至是看客。这样的班级活动只是培养了少数学生的个性，但却把大多数学生冷落在一旁。每个学生的个性都有自己的意义和价值，在班级活动中，班主任要根据学生的不同个性，让他们在活动中担任不同的角色，让学生在角色承担中发现和认识到自我的价值，从而积极主动地实现有个性的发展。

譬如，在开展"家乡历史知多少"班级活动时，可以让乐于交际的学生去访问家乡的老人，让喜爱读书的学生去查找地方志等文献资料，让擅长摄影的学生去拍摄家乡的文物古迹，让行事严谨的学生去分析、梳理、整合各种资料，让擅长写作的学生去撰写家乡发展简史……如此，不仅绝大多数学生都能参与到活动中来，而且多能根据自己的个性、特长找到自己合适的位置，在获得成就感的同时也锻炼了自己的能力，发展了自己的个性。

二、彰显班级个性

班级活动设计与组织的个性化不仅关注学生个体的个性化成长，而且还关注班集体的个性化发展。作为相对独立的教育组织，每一个班级也应具有自己的特征，体现自己的个性。

1. 通过班级活动，打造班级个性

班级活动是丰富多彩、生动活泼的，通过班级活动打造班级个性，能够让学生在具体可感的活动中潜移默化地形成共同的价值观念、共同的发展目标和共同的行为方式，为班级个性的形成奠定坚实的基础。李镇西在他的"未来班"的实验中，就很好地利用班级活动打造了班级的独特个性：

我决定让文学成为我和孩子们共同的爱好。我不但把《青春万岁》、《爱的教育》、《红岩》、《钢铁是怎样炼成的》等小说搬进了语文课堂，而且经常在放学后带着孩子们到郊外去搞"文学写生"：在学校外边的岷江之滨，在乐山大佛对面的绿岛上，在朴素的农舍前或静静的小河边，我们一起用心感受大自然的美，然后当场用文字将这种美描摹出来。

我还多次在寒暑假，与学生一起到大自然去长途旅游：我曾与学生站在黄果树瀑布下面，让飞花溅玉的瀑水把我们浑身浇透；我曾与学生穿着铁钉鞋，冒着风雪手挽手登上冰雪世界峨嵋之巅；我曾与学生在风雨中经过八个小时的攀登，饥寒交迫却兴趣盎然地进入瓦屋山原始森林……和学生的这种风雨同舟、相依为命之情让我感到无限幸福。这种幸福不是我赐予学生的，也不是学生奉献给我的，它是我们共同创造、平等分享的。

初步确定把"文学"作为自己班级的个性发展目标之后，李镇西不仅在语文课堂上渗透文学教育，而且带领学生利用课余时间开展"文学写生"活动，让学生感受并描摹大自然的美，提高自己的文学鉴赏和创作能力。最终，当他们的诗文越来越频繁地出现在《中国青年报》、《读者》、《中学生》、《现代中学生》、《中学生读写》、《少年文史报》等全国各地的报刊上时，这个班级的特殊个性就基本形成了。

2. 通过班级活动，体现班级个性

班级活动通常有两种：一种是学校、年级统一组织，以班级为单位开展的活动，一种是班级自主开展的活动。这两种活动都可在一定程度上体现班级的个性，展现不同班级的不同内涵和风貌。

在学校或年级统一开展的活动中，班级虽然无法自主确定活动的主题，但在活动的内容、形式等方面却有自主选择的空间，可以扬长避短，各擅胜场，体现出班级的个性来。譬如，某中学要开展"青春在飞扬——'五四'主题纪念活动"，文学见长的班级可以组织青春诗会，用诗歌来激扬青春；书画见长的班级可以开展书画联展，用色彩来描绘青春；擅长社会实践的班级可以组织青年志愿者活动，在行动中挥洒青春的活力；具有环保特色的班级可以开展"青春中国，绿色神州"环保宣传活动，在展示中深化青春的内涵……这样，不仅增强了活动的效果，丰富了活动的内涵，而且使同一主题的活动呈现出不同的形态和特点，突出了活动的多元性和个性化。

班级自主开展的活动更应自始至终贯穿着班级的个性追求。

（1）在活动的选题上，要紧扣本班存在的问题、出现的情况和发展的

目标，做到有的放矢，重点突出。譬如，针对班级里流行看"口袋书"的现象，可以组织学生开展以读书为主题的活动，引导学生正确选择课外读物。

（2）在活动的设计上，要充分考虑到本班的特点，制订出适合的方案。

（3）在活动的组织上，要选择本班学生熟悉的内容和易于接受的方式，以达到最佳的教育效果。譬如，在一个学生普遍活泼好动、个性鲜明的艺术特长班开展集体主义教育，与其摆事实、讲道理，进行理念的灌输和思想的规训，还不如组织学生观摩、表演、游戏，在具体生动的情境中体验、领悟、内化和践行集体主义精神。

三、突出活动个性

活动是学生素质发展的基本途径，活动教育是促进学生素质发展的有效手段，是学校教育中重要的教育形式。有学者在考察了活动教育的发展历史之后总结道："活动教育是对以'知识本位'、'教师中心'为特征的传统教育不断反思与超越的产物，是在与传授式、灌输式教学相抗衡的过程中逐步形成的一种教育主张。"在对传统教育的反思与超越过程中，在与传授式、灌输式教学相抗衡的过程中，活动教育形成了自己特殊的内涵和操作体系，成为一种新的教育形式。

在学校教育体系中，活动教育的特殊性并不主要体现在"教育"上，而是体现在"活动"上，正是这一关键词把活动教育与其他林林总总的教育形式区别开来。作为活动教育的一种，班级活动理应承续并发展活动教育的活动个性，发挥自己在学校教育中的特殊作用。

1. 突出活动的情境性

与学科教学主要传授间接知识为主不同，活动教育主要是学生在真实或虚拟情境中感受、体验、认知，从而获取自我生存、发展所必需的直接知识和经验，情境性是活动教育的个性特征之一。作为活动教育的一种，班级活动要引导学生走进真实情境，创设虚拟情境，在具体、生动的情境中提升德性，发展心智，陶冶情操，实现自我发展。

班级活动与学生的生活紧密相连，学生生活中很多情境都具有教育价值，班主任应该善于捕捉这些稍纵即逝的机会，在真实的情境中开展班级活动。著名班主任蒋自立老师是这样利用真实情境开展班级活动的：

新学年伊始，同学们兴高采烈地布置着上了一层楼的新教室。目睹此情此景，我充满感情地说："祝贺大家更上一层楼，搬进了新教室。对于'更上一层楼'有何遐想、联想、思想，咱们先自由组合成小组谈谈，等会儿再来个全班发言。"

习惯于小组交谈的我班学生，一下子形成了 12 个小组，热烈地、无拘无束地交谈起来——因为他们知道：你给我一个苹果，我给你一个苹果，各人手中仍然只有一个苹果。而你给我一个思想，我给你一个思想，每人就拥有两种思想了。

学生换教室本是非常平常的事情，布置教室也是常见的情境，很容易被班主任所忽略。但在这个案例里，学生之所以很快就能组成小组，"热烈地、无拘无束地交谈起来"，除了学生理解讨论的价值、熟悉讨论的方式之外，还因为蒋老师准确把握了学生的活动情境（布置上了一层楼的教室）和情绪情境（兴高采烈），敏锐地捕捉到教室楼层升高所蕴含的隐性教育意义，巧妙地把学生兴高采烈的情绪引向更深的维度。

很多真实情境都具有教育价值，但是，真实情境毕竟具有不可控性，是可遇而不可求的，如果坐等真实情境，班级活动会非常被动。因此，在班级活动设计与组织中，还需要根据活动的目标和要求，主动设置虚拟情境。

班级活动虚拟情境的设置要遵循以下基本原则：

（1）拟真性。即情境必须与现实生活具有较高的相似性，是现实生活中可能发生的情境。出于教育效果的要求，虚拟情境可以夸张、变形，但夸张、变形必须以现实生活为基础，而不能天马行空、凌空蹈虚。

（2）生本性。班级活动的目标是指向学生的，因此，情境设置必须以学生为本，虚拟学生熟悉的内容和情节，以便引发学生的兴趣，起到事半功倍的教育效果。

（3）教育性。班级活动是学校教育活动的一个有机组成部分，班级活动中虚拟的情境也应该具有正向的教育价值。

2. 突出活动的交互性

与学科教学主要是个体的学习活动不同，活动教育主要是以集体形式来开展的，它要求参与活动的每个人相互协调、默契配合，共同推动活动进程，人际交互性也是教育活动的个性特征之一。

班级活动是集体活动，这要求参加活动的每一个参与者都应该在独立思考、独立判断的基础上参与集体活动，在人际交互中合作、交流，实现观点和行为的碰撞、交融和整合。当然，这种人际交互并不是随意的、随机的，而是在事先设定的目标和程序的指导下，有组织、有方向地有序交互。

在人际交互中，作为班级活动的主要设计和组织者，班主任的角色非常重要，他不仅应该是交互活动的参与者，更应该承担起组织和引导的责任，让交互活动在理性、平稳、协调的状态下进行。

3. 突出活动的实践性

学科教学是以系统地传授学科知识为主要目的的，而活动教育则主要是为了培养学生的实践能力，实践性是活动教育的另一个个性特征。班级活动要重视实践在学生发展中的价值，引导学生关注实践、投入实践、升华实践，在实践中汲取知识，增强能力。

班级活动本身就可以是实践活动。在设计和组织班级活动时，班主任可以组织学生把平时所学的知识转化为行动，在学习中实践，在实践中学习，让学科教学与班级活动相互补充，相互渗透。

譬如，学习了小学品德与生活中的"生活不能没有他们"的内容之后，班主任可以把学生分成若干小组，每一小组负责了解一个行业的工作，然后在班级中集体交流，帮助学生认识各行各业对于社会的重要性，帮助学生学会尊重他人的劳动。

当然，班级实践活动的主题不限于学科内容，也可以是学生在学习、生活中常见的、必须掌握的一些实践本领，如生活自理、自救策略、交往技巧等，都可以作为班级实践活动的内容。

班级活动还可以引导学生实践。有些班级活动虽然是"务虚"的，但其"虚"是为"实"服务的，可以起到指导实践、提升实践的作用。譬如，某班级学生某段时间热衷于送同学生日礼物，而且攀比之风日盛。在这种情况下，既可以开展集体生日活动，以直接实践的方式引导学生俭朴过生日，也可以组织学生讨论、辩论，引导他们认识到友情的深浅与礼物的轻重无关。后一种方式看起来是"务虚"的，但是，认识明确了，行动也就有了依据，这种"务虚"往往能起到事半功倍的教育效果。

第二章　开展班级活动要遵循的原则

第三节　开放性原则

随着时代的发展，班级活动必须顺应时代的潮流，把时代的活水引进教室，让改革的大潮冲击学生的心田。班级活动的开放性原则主要表现为：

一、形式上的开放

1. 向校内开放

在实践中，我们发现有老师、有外班学生参加本班的班级活动时，效果相当好。究其原因，很重要的一点就是学生置身于开放的环境中。在这种环境中，更多的学生进行相互交流、相互合作，取长补短，共同进步，同辈教育的力量得到了最大化的发挥。

因此，只要条件允许，班级活动应向同年级开放，应加强高低年级的联系。这样，既可促进班级的联系，也可促进班级活动质量的提高。为此，在班级活动中，可设计与兄弟班级的"共献我们的青春和热血"联谊活动，与低年级的"让喜讯传遍家乡"为低年级学生演讲活动，全年级的"我们向祖国宣誓"仪式、"我们走向美好的明天"毕业庆典等活动。

2. 向家庭开放

家是学生快乐成长的理想港湾，稳定、和谐的家庭生活能够很好地促进学生良好身心素质的发展。班级活动不仅要关注学生的集体生活，还要关注其家庭生活。譬如，既请家长经常地参加班级活动，又请家长不断地关心班级活动。既通过家长协助指导，又通过活动促进家长认识的提高，改进家庭教育。

事实证明，一些有关家庭生活的主题班会活动都取得了不错的效果。如"我爱我家"班会，让学生在介绍家庭成员、讲述家庭故事的过程中感受家庭的温暖和美好；"家庭运动会"可以让父母和子女的密切配合中深化情感，达成默契；"我当一天家"活动则让学生体会父母在家操持家务的不容易，从而对父母的劳动给予理解和支持；亲子交流互动则可以让父母和子女说出心里话，彼此了解内心的想法，消除隔膜。

3. 向社会开放

培养社会人是教育的基本目标之一。学生由自然人向社会人的转变是一个认识的过程，更是一个实践的过程，不可能在封闭的条件下，凭借着说教就能实现的。班级活动要促进人的社会化成长，必须主动向社会开放，引导学生认识社会、适应社会，主动参与社会活动，在社会实践中提升自己的社会素养。

（1）认识社会现象

每个学生在班级内都有自己的组织角色，同时也会把自己的社会生活背景带到班级中来，从而使班级带有社会组织的特点，成为社会的缩影。客观地说，班级中既有美好的社会现象，如教师对学生的关爱、帮扶，学生对教师的理解、尊重，学生与学生之间的配合、互助等；也有一些社会阴暗面的投影，如教师收受学生家长贿赂、学生不尊重甚至仇视教师、学生间存在的歧视现象等。在班级活动中，班主任要根据学生的年龄特点，通过适当的方式引导学生关注班级中存在的这些社会现象，既不掩饰，也不夸大，帮助学生在认识、辨别的基础上寻找妥善对待这些社会现象的策略。

班级活动除了关注班级中存在的社会现象外，还要适时、适度、适量地把班级外的具有教育价值的社会现象引入进来，引导学生进行分析、讨论，甚至是辩论，在认知层面缩小与社会之间的落差，在行为层面学会分析、甄别、应对各种社会现象，在潜移默化中提高学生的社会素养。

（2）参加社会活动

班级活动面向社会开放，不仅要把社会生活"引进来"，而且还要带领学生"走出去"，让学生接触更为广阔的社会生活，更加深入地参加社会活动，在行动中提升自己的社会素养。

目前，很多学校都有自己的社会实践基地、德育基地、劳动基地等，这些就是为学生打开的一扇扇通向社会的窗户。窗户虽然不能让学生就此迈上社会，但可以让学生由此尝试性地参与社会活动，开阔自己的社会眼界，深化自己的社会认知。

在班级活动中，班主任可以把学生带到这些基地，开展"一日采摘"、"和孤儿一起过'六一'"、"我是环卫工人小助手"等活动，让他们在实践中体验劳动的艰辛，体味助人的快乐，品尝生活的甘苦，加深对社会生活的认识。

社区是学生参与社会活动的另一个领域。学生对自己生活的社区情况比较熟悉，也比较有感情，组织开展社区社会实践活动，学生易于接受，有利于活动的持续、有效开展。因为一个班级的学生不一定居住在一个社区，组织学生参与社区活动不宜采用整个班级集体活动的形式。在实践中，班主任可以让同一社区的学生组成一个小组，在实地调查的基础上选择小组活动的内容和形式，以小组为单位各自开展活动。在活动开展过程中，可以适时开展一些全班性的总结或交流活动，让各个小组相互交流社区社会实践活动的经验和困惑，班主任有针对性地给予一些恰当的指导，以利于活动的深入、持续、有效开展。

二、内容上的开放

1. 让学生了解社会发展的形势，学会学习

联合国教科文组织于 1972 年发表的《学会生存——教育世界的今天和

如何创造性地开展班级活动

明天》指出："明天的文盲将不是目不识丁的人，而是不知道如何学习的人。"在知识经济时代，学会学习、终身学习对于一个人的生存和发展具有极其重要的意义。

在班级活动中，应该引导学生了解时代发展的日新月异，认识知识更新的异常迅疾，增强终身学习的意识。同时，还要教会学生学习的技巧和方法，帮助学生学会学习、有效学习。如可设计"小记者奔向四面八方"调查活动、"我们的建议和呼声"献策活动、"家乡蓝图任我描绘"走访上级领导等活动。

2. 让学生了解各行各业的代表人物

对代表人物的了解，应该既要有"老黄牛"，又要有"千里马"。可设计"在平凡的岗位上建功立业"劳动模范报告会、"在建设祖国的行列中"走访工厂青年突击队或农村青年专业户、"青春在边陲闪光"与边防战士通信、"百行百业状元郎"新闻人物特写报告、"小草的情怀"走访不同行业的共产党员等活动。

需要指出的是，班级活动的开放性，并非只是强调形式。开放性既表现在形式的开放上，也表现为内容的开放上。在内容上，要注意不断引进新的思想、新的认识，但对一些暂时还认识不足的问题可适当"回避"。

第四节　生成性原则

在学科教学中，课程标准、课程计划、教材、教学参考资料等一系列材料既提供了教学的支撑，同时也限定了教学的主题、内容，甚至是形式。班级活动则不同，作为一种校本甚至是"班本"的教育形式，班级活动在内容确定、过程演绎、形式选择和结果形成上很难预先进行统一的控制和限定，都具有很强的灵活性和生成性。

一、活动主题的生成性

班级活动也有计划性，班主任对每学期要开展哪些班级活动一般都会有一个通盘的考虑和大致的思路，有些优秀班主任甚至会根据自己的工作经验制订整个学段班级活动的主题。但是，班级活动计划只能是一个原则性的规划，在实际执行过程中，还要根据实际情况生成具体的活动主题和活动内容。

著名班主任丁如许认为："班级活动课的基本课型可分为两种：基本课和随机课。"这两种课型都有生成的空间：基本课的计划性较强，但"基本课的内容不是绝对不变的，它可以根据实践调整、充实"；随机课则十分灵活，活动主题和内容都是根据教育实际情况实时生成的。

基本课一般都会被纳入到班级活动计划之中的，但是，班级活动计划只能根据对班级建设和学生发展情况的预测确定主题，而无法预知班级教

如何创造性地开展班级活动

育中出现的具体情况，因此，在具体实施时，要对计划的班级活动主题和内容进行细化。

有时候，因为情况发生了变化，事先确定的主题和内容可能还要进行调整，甚至是取消活动。譬如，有班级准备开展一次为期两天的春游，但在活动前夕，为安全考虑，教育主管部门出台规定，不得组织跨市的中小学春游。在这种情况下，就需要调整活动计划了。

因为学生教育和管理的复杂性，班级中的许多情况都是无法事先预料的，这就需要班主任根据班级的实际情况，临时确定主题和内容，经常开展随机性的班级活动。当然，班级活动的随机生成并不等于是随意生成，而是一要看有没有活动的必要，二要看有没有教育的可能，只有必要性和可能性都具备了，生成的班级活动才有价值。如果只是随意生成，那么就会使班级活动过多也过滥，难以获得良好的教育效果。

二、活动过程的生成性

班级活动过程的预设性和生成性并不矛盾，而是相辅相成、相互促进的。如果班级活动预设得过于细致、教条，有可能束缚活动的开展，活动过程中生成的火花被忽略，活动显得呆板滞涩；如果预设不充分，完全靠生成，那么班级活动难免会随波逐流，过于随意。

因此，强调班级活动过程的生成性，不是说不要预设活动方案，而是针对当前班级活动预设过于琐碎，活动过程近乎按"剧本"表演的弊端，主张活动预设灵活一点、粗线条一点，让班级活动更加活泼灵动、丰富多彩。

活动过程的生成性有主动生成和被动生成两种。主动生成是指在制订班级活动方案时就预留了生成的空间，活动时，在班主任的鼓励、引导、启发下，学生充分发挥自己的主动性和积极性，创造性地开展班级活动，自主性地生成活动过程。

譬如，在开展"我与父母比童年"的班级活动时，班主任只要在活动开始时给学生说明活动目的和活动要求，在活动结束组织开展交流活动就可以了，至于学生和父母比童年的什么，怎么样和父母比童年，怎么样呈现比的结果，班主任没有必要进行统一的规定，完全可以让学生自主去进行。由于没有严格的限制，学生自主生成的活动过程会色彩纷呈、活泼多姿，充满个性和特色。

如果说主动生成基本上还在意料之中的话，那么，被动生成就是指意料之外生成的过程。有时候，班级活动并不一定会沿着预设的路径向前发展，会在活动过程中出现意外的情况，从而让班级活动偏离预定的轨道，向其他方向发展。这些意料之外的生成不仅考验着班主任的教育智慧和应变能力，同时也会检验班主任的教育思想和教育理念。

优秀的班主任都知道，班级活动不是班主任的"一言堂"，也不是表演给别人看的话剧，而是要让学生全身心地投入到活动之中，真思真想、真说真做，真实地表达自己的内心感受。在班级活动中，班主任不能因为学生的表现不符合自己事先的预设，就不分青红皂白地断然予以制止，强行把学生拉回预设的轨道，而应该迅速对出现的情况进行分析判断，如果学生的言行有一定的道理，具有教育的价值，那么就应该改变预定的进程，生成新的活动过程。

三、活动形式的生成性

班级活动的形式多种多样，有主题活动，也有常规教育；有实践活动，也有思辨活动；有小组活动，也有个人活动……采取什么样的班级活动形式，不仅要看班级活动的目标与内容、学生的个性、班级的特点，还要与活动的具体情境保持一致。因为影响因素比较多，班级活动形式的选择具有较强的灵活性，经常需要在具体的活动过程中进行调整。

一个班级有几十个学生，每一个学生都有自己的性格特征、兴趣爱好、思想观念和行为方式。在班级活动形式的选择上，有的学生喜欢独立思考，有的学生喜欢集体讨论；有的学生擅长社会实践，有的学生擅长文艺活动……班级活动虽然是一种集体教育形式，但并不是只见集体不见个人，在优先选择适合整个班集体的活动形式的基础上，应该适当地留有自主生成的空间，让学生有机会选择自己喜欢的方式投入到班级活动中去。

譬如，在开展"我看七十二行"的班级活动时，班主任可以不规定活动的形式，让学生自己选择喜欢并且擅长的方式进行活动，这样，善于写作的学生可以组成采访小组，采访各行各业的劳动者；喜欢实践的学生可以选择一个行业劳动一天，亲身体验这一行业的工作；擅长画画的学生可以把某一行业一天的工作画下来，形象展现这一行业的特点……由于是自己选择的活动方式，学生通常会更加积极主动地参与到活动中去，活动效果能够得到保证。同时，由于活动形式多种多样，活动的成果也会丰富多彩。

活动形式还带有较强的情境性。即使在同一个班级开展同一个主题的活动，在不同的情境下也宜于灵活采用不同的形式。情境因素包括活动时间、活动地点、活动环境、学生情绪等，这些因素的变化要求活动形式也应该跟着变化。

譬如，某一班级准备开展一次篝火晚会，庆祝"五四"青年节，活动当天却下起了大雨，原定计划无法实施。但是如果取消活动，为活动准备了很长时间的学生会感到非常失望。在这种情况下，班主任不妨把室外举行的篝火晚会改为室内举行的青春联谊活动，活动主题不变，活动形式作了适当的调整，学生照样可以在活动中释放活力、放松身心。

第五节　其他重要原则

　　除了上文中提到的教育性原则、个性化原则、开放性原则、生成性原则等，班级活动的设计与组织还有一些不可忽视的原则，在此，我们做一简单陈述。

一、整体性原则

　　要搞好班级活动，必须加强计划，着眼整体，特别是要在教育阶段、教育内容、教育力量方面突出它的整体性。

1. 教育阶段的整体性

　　如初一以行为养成教育、集体主义教育为基础，以爱国主义教育为核心开展活动。初二以青春期教育、道德教育为基础，以理想教育为核心开展活动。初三以做合格毕业生教育为基础，以人生观教育、理想教育为核心开展活动。高一以道德教育、理想教育为基础，以人生观教育为核心开展活动。高二以个性发展教育和党的基础知识教育为基础，以人生观、价值观教育为核心开展活动。高三以做合格毕业生教育为基础，以价值观、世界观教育为核心开展活动。六个年级，各有重点，由低向高，由浅入深。前后联系，螺旋式上升，形成整体，逐步深化。

2. 教育内容的整体性

教育内容上的整体性，不应是硬性的拼凑，而应是有机的组合。要围绕活动的主题，从不同的侧面加以反映。如初一上学期"做合格的中学生"系列活动，设计以德育为重点的"我在祖国怀抱里成长"诗歌朗诵会，以智育为重点的"我和 ABC 交朋友"英语学习活动，以体育为重点的"欢快的十分钟"小型、多样的体育比赛和以劳动教育为重点的"我是家长小助手"家务劳动比赛。

3. 教育力量的整体性

如学科竞赛活动，请任课老师出题或任裁判；如联欢活动，请任课老师致辞或表演节目。可设计加强学生与任课老师沟通的"我向老师进一言"与任课老师通信活动。同时，队、班、团的活动有可能合并时，应尽量并为班级活动，这样使几条线拧成一股绳，加强整体协调。

从校内外看，要加强学校与家庭、社会教育的联系，以求整体效益。在家庭教育力量配合上，可这样考虑：

（1）请家长直接参加班级活动。如参加刚进中学时"难忘啊，我的'黄金时代'"家长回忆中学生活、初二时"伟大的时代召唤青年"家长报告、初三时"一颗红心献祖国"寄语活动、高三时"我们向祖国宣誓"仪式、"我们走向美好的明天"毕业庆典等活动，让家长在特定的教育环境中与学生对话。

（2）请家长经常关心班级活动。由于家长也很忙，不可能经常直接地参加班级活动。可设计请家长经常地关心班级活动，为班级活动献计献策，如开展"我是家长小助手"家务劳动比赛时，请家长出竞赛题，开展"十四岁，新的高度"集体生日庆典时，请家长写祝贺信等。

二、主体性原则

班级活动的主体应是班级全体成员，班主任只是整体中的重要一员。

班主任起指导作用，但不能包办代替，也不需包办代替。班主任的重要任务在于使班级整体运转起来。班主任要与班委会相配合，最大限度地调动全班同学的积极性，使全班同学处于兴奋状态，应该使同学们普遍感到，这是我们自己的活动，我们要动脑筋，要想办法，把活动搞成功。

为此，要考虑多设计让全班每个同学都能参加的活动。像小型、多样的体育比赛、烹饪、一分钟演讲比赛、与边防战士通信、为低年级学生演讲、猜测师长赠言，等等，都是全班同学直接参加的。对有些不可能每位同学都直接参加的活动，班主任也应在活动方案设计给予尽可能多的机会。如论辩活动，多组织几队辩论。在台上辩论时，可安排台下助辩的形式，这样增加同学参与的机会，调动大家的积极性，也使班级活动面向全体学生，避免少数人在动在忙、大多数人置身其外的被动局面。

同时班级活动的活动内容、形式，也应尊重学生的主体地位。在形成方案时，要多征求全班同学的意见。在实施活动时，要充分发挥全班同学的积极性。

值得指出的是，主体性原则并不是让学生各行其是，而是充分调动学生的积极性，要求班主任以其丰富的实践经验，出色的指导艺术，积极发挥主导作用，指导学生开展好活动。

三、多样性原则

班级活动，要提高它的教育意义，必须注意形式的多样性，以丰富多彩、生动活泼的形式赢得学生的欢迎，调动学生参与活动、接受教育的积极性，让大家在歌声中、笑声中陶冶情操，提高认识，使班级活动有更好的思维空间和实施可能。

如某中学的中学班会基本课，从初一到高三有 120 个活动，活动形式相当丰富。其中有 106 个活动形式不相同。而且即使是某些活动采用的是同一形式，但由于年级不同，要求不同，学生不同，也会显得多姿多彩。如毕业年级都有征文活动，高三的"情系母校"将比初三的"在我成长的路上"思路更开阔、感情更深沉。又如同是学习经验交流，高一的"我们握有金钥匙"将比初一的"学海初航品甘苦"显得更有理性，更有说服力。

当然，不同年级也会以各自的特点使人终身难忘，如同是毕业年级的最后一次活动，初三的"二十年后再相会"联欢活动将以活泼、生动的形式留给学生深深的回味，高三的"我们走向美好的明天"毕业庆典则以热烈、隆重的气氛印进学生记忆的脑海。

其实，只要多动脑筋，同一个活动命题，也会有不同的搞法。以"我是家长小助手"家务劳动竞赛为例，可进行口答比赛。口答可设计简答、判断、选择、改错等不同题型，操作可采用叠衣服、整理书包、烙饼、削苹果、拣西瓜等多种形式。这些肯定会得到学生欢迎的。

四、易操作性原则

班级活动要在学校教育中站稳一席之地，重要因素之一是要有可操作性，并且容易操作。

1. 要注意活动的节奏

在一定时间内，活动的次数不能过多，但也不能过少。过多，会冲击文化学习；过少，不能给学生深刻的印象。

2. 要增强"课"的意识

班级活动大部分是在班会课时间进行的。因此，要认真构思"课"的结构，向40分钟要质量。作为"课"，应有若干个小高潮，逐步推进，并在高潮中结束。如"我是家长小助手"家务劳动竞赛活动，可采用口答与操作交叉进行的方法。每一轮口答题后，安排一轮操作题，每一轮操作题实际上是一个小高潮，最后在烙鸡蛋饼这个大高潮中结束。

3. 要制订活动方案，便于操作

为了使班级活动有较强的实施便利，班主任要指导学生编写活动方案。活动方案分"活动目的"、"活动准备"、"活动过程"、"注意事项"、"建议"等项。班主任和学生可依据具体选题和要求实施。

在实际操作中，对"黑板布置"应予重视。因为这对搞好班级活动，营造活动气氛有着积极的作用。但重视不等于要花很多的时间，或者由老师包办代替。

五、序列性原则

班级活动不仅要形成系列，还要形成合理的序列。班级活动的结构形式是多样的，常见的有：

1. 纵式结构

整个活动环环相连，前一个活动是后一个活动的起点和基础，后一个活动是前一个活动的继续和深化。如初一下学期"当家乡的小主人"系列活动有：（1）"请尝尝我们做的菜"（野炊），通过自己做饭菜，体会家务劳动的艰辛，增进与家长的感情交流；（2）"小记者奔向四面八方"（调查），在野炊的基础上进行专题调查；（3）"请听我们的建议和呼声"（献策），以小主人身份向有关单位提建议；（4）沿着历史的足迹前进"（参观），了解家乡的历史；（5）"今日家乡在腾飞"（信息交流），介绍家乡建设的成就；（6）"为了家乡，我愿……"（一分钟演讲），表达为家乡的明天而献身的愿望；（7）"贡献我们的青春和热血"（联谊），和同龄人一起为建设家乡而奋斗；（8）"刻苦学习，为我家乡"（学科竞赛活动），把建设家乡的愿望落实到具体行动上；（9）"家乡蓝图任我描绘"（走访上级领导），让学生更多地了解社会，培养参政议政意识；（10）"家乡，请听我们的报告"（新闻发布会），活动的总结。

2. 横式结构

围绕主题，从不同侧面加以反映。在初一上学期的"做合格的中学生"系列活动中，"我在祖国怀抱里成长"（诗歌朗诵会）、"我和 ABC 交朋友"（英语学习）、"欢快的十分钟"（小型、多样的体育比赛）、"方寸天地趣无穷"（集邮知识讲座）、"我是家长小助手"（家务劳动比赛），就是分别以德、智、体、美、劳为重点，紧扣做合格的中学生这一主题实施的。

3. 综合交错结构

以初二上学期"迈好青春第一步"系列活动为例。该活动有：（1）"团旗指引我成长"（老共青团员作报告）；（2）"怎样才能成为光荣的共青团员"（论辩）；（3）"用热血填写我们的志愿书"（入团志愿书介绍）；（4）"烈士墓前的沉思"（祭扫烈士墓）；（5）"团旗在我心中飘扬"（编报评比）；（6）"在欢快的'团员之家'"（游艺）；（7）"雷锋在我们行列中"（走向社会的义务劳动）；（8）"伴着青春的旋律前进"（集体友谊舞）；（9）"我们是光荣的后备队"（入团宣誓）；（10）"谱写我们的青春之歌"（篝火晚会）。

班级活动的结构虽然呈多态，但总的趋势是由浅入深，由低到高，前后联系，螺旋式上升的。对每一阶段的活动设计，要注意体现本阶段的特点。如初中的系列活动中都有体育活动的设计。初一进行"欢快的十分钟"小型、多样的体育比赛，旨在引导学生利用课余10分钟进行有益的体育活动。初二则开展"练就强健的体魄"青春杯体育竞赛。这一活动分项目开展多种竞赛，其中达标项目的竞赛是在前一活动基础上的深化。初三开展"迈开步伐，走向远方"的远足活动。这一活动不仅锻炼身体，而且有明确的意志锻炼、集体精神的熏陶等内容。

在注意阶段的序列性时，还要注意活动的连续性，不断地加以巩固、深化。因为素质教育并非一次班会活动就能大功告成，但是一次成功的班级活动完全可以给学生以强烈的印象，而且不断地巩固、深化，便能收到良好的效果。

第三章　班级活动要全面开发课程资源

在新的教育形势下，班级活动的范围也随之扩大，班级活动的组织者也不仅仅是班主任，各任课教师也包含其中。更重要的是，班级活动越来越具有了课程的品质，需要系统规划、精心设计和严密组织实施。而班级活动在新形势下呈现的这些特点决定了它的实施需要丰富的课程资源予以支持。如果没有课程资源的支持，班级活动就会成为无源之水、无本之木，同时也就失去了班级活动本身存在的价值。

第一节　了解课程资源的基本原理

伴随着社会的进步和课程意识的提高，课程资源的概念在不断地被加以丰富和发展，以至日趋完善。对课程资源最早的研究起于"现代课程论之父"拉尔夫·泰勒，1949 年他在其著作《课程与教学基本原理》中明确提出课程目标的来源包括三个：对学生的研究、对当代社会生活的研究及学科专家的建议，把学生、社会、学科作为课程目标的三个基本来源。同时也是课程资源的重要来源。同时，他也阐述了课程资源的利用问题，指出"要最大限度地利用学校的资源；加强校外课程；帮助学生与学校以外的环境打交道"。

一、课程资源的内涵

迄今为止，学术界对课程资源的概念并无统一的定义，但综合起来可以概括为两种方式：第一种方式是从泰勒的经典理论出发，融合时代精神和社会需要，从课程目标角度提出课程资源的定义，认为课程资源的定义有广义与狭义之分。广义的课程资源指有利于实现课程目标的各种因素，狭义的课程资源仅指形成课程的直接因素来源。

第二种方式是从课程实施角度提出课程资源的定义，具体来说是从整体的课程实施角度出发，即把课程资源认为是课程设计、实施和评价等整个课程编制过程中可资利用的一切人力、物力以及自然资源的总和，包括教材以及学校、家庭和社会中所有有助于提高学生素质的各种资源。这种角度的定义完全是为某个具体学科服务，具有较大的针对性和指导性。

综合理解各种课程资源定义，在这里我们将课程资源定义为有利于课程目标实现和保证课程实施质量的各种人力、物力、文化资源的总和。

二、班级活动资源的特点

1. 潜在性

课程资源的潜在性是其本质属性，我们说课程资源是课程编制过程中可资利用的资源的总和，也就意味着其有被开发、利用的潜在性。

有相当一部分课程资源在课程设计之前就已经存在，它具有转化为学校课程或支持课程实施的可能性，但还不是现实的学校课程或课程实施的现实条件。因此，课程资源有潜在性的特点，其教育性不像学校正式课程那么明显、直接，有时课程资源中的教育性因素与非教育性因素可能交织在一起，课程资源要经过筛选或转化，才可能成为学校课程或有利于课程实施的基本条件。

例如，本地的一处风景名胜可以为实施"环境保护"主题的班级活动提供有利的条件，但风景名胜本身的内容是十分丰富的，围绕本次活动可以选取其中的某些内容作为班级活动实施的条件，既可以选取其本身的优美秀丽，引导学生通过欣赏自然美景，激发其热爱大自然、保护环境的内在动力；也可以选取由于环境污染，名胜古迹遭到破坏的实例，帮助学生认识到环境保护的重要性。而后一种做法，就是将非教育性因素巧妙地转化为教育性因素，为活动目标的达成创造良好的条件。

课程资源的潜在性体现在班级活动设计、实施和评价的全过程，每一个环节都体现了教师对活动资源的开发、筛选和利用。

2. 多样性

班级活动可以开发与利用的资源多种多样，根据不同的标准可以把它

如何创造性地开展班级活动

分成不同的种类：根据空间分布可分为校内课程资源、校外课程资源；根据性质可分为自然课程资源和社会课程资源；根据物理性质和呈现方式可分为文字资源、实物资源、活动资源、信息化资源等；根据存在方式可分为直接课程资源和间接课程资源；按照课程资源的功能特点可以分为素材性课程资源和条件性课程资源两大类；根据课程资源的存在形态可将其分为"物"的资源、"人"的资源、"地"的资源。

多种多样的资源为学校和教师因地制宜地开发和利用提供了广阔的空间。尽管如此，我们应该看到，并不是所有的资源都是班级活动的课程资源，只有那些真正与教育教学活动联系起来的资源，才是现实的课程资源。

3. 多质性

课程资源具有多质性，同一资源可以有不同的用途和价值。在实践活动的实施中，同一资源可以开发不同的活动。例如，动植物资源，可以成为学生探究生物学、环境学、生态学知识的资源，还可以成为实践中的种植、饲养资源。学校附近的山，既可用于调查山上动植物的种类，也可以用于调查家乡的风景，还可以用于设计绿化工程等。

课程资源的多质性，要求教师在实施班级活动的过程中慧眼识珠，善于挖掘其多种利用价值，从而全方位地为学生的发展服务。只有高素质的教师才不会有课程资源缺乏的困扰，才能够化腐朽为神奇，变无用为有用，使课程资源的潜在价值得以充分发挥和显现。

4. 地域性

班级活动的课程资源虽然呈现出多样性的特点，但是任何可能的课程资源则因地域、文化传统、学校以及师生各自的差异而不同，因而课程资源又具有地域性的特点。课程资源的地域性主要表现为以下几个方面：

（1）不同的地域，可供开发与利用的自然、社会和文化资源的构成形式和表现形态各异。

（2）不同的文化背景下，人们的价值观念、道德意识、风俗习惯、宗教信仰等具有独特性，相应的课程资源各具特色。

（3）学校性质、规模、位置、传统以及教师素质和办学水平的不同，影响教师的课程资源开发的水平和程度。

（4）学生个体的家庭背景、智力水平、生活经历的不同，可供开发与利用的课程资源也不同。

三、班级活动资源开发的价值

开发班级活动课程资源的意义不仅在于活动本身的丰富和完善，更重要的在于对学生和教师的发展具有重要的意义。

1. 促进学生的全面发展

课程资源开发的价值首先是学生的发展。这有两层含义：一方面，大量丰富的、具有开放性的课程资源对学生发展的价值是不言而喻的，它给学生提供了教科书和配套教辅资料无法比拟的感官刺激、信息刺激、思维刺激。另一方面，学生也是课程资源开发的主体，学生的生活经验、感受、兴趣、爱好、知识、能力等构成课程资源的有机成分。

为学生提供丰富的课程资源，重在逐渐培养学生独立学习的意识、能力和习惯。面对丰富的课程资源，学生将面临着如何获取信息，如何筛选信息，如何从这些信息中归纳出对解决自己问题有价值的信息等问题。这些问题的解决过程就是信息处理能力的形成和强化过程。

2. 促进教师的专业发展

课程资源开发的价值还在于促进教师的发展。教师以往的专业发展主要集中于教学和教育手段、方式等方面，班级活动对教师提出了新的专业要求，即课程开发的专业素养和能力。

教师应该成为学生利用课程资源的引导者、开发者，要引导学生走出教科书，走出课堂和学校，充分利用校内外各种资源，在自然和社会的大环境里学习和探索。教师必须具备根据具体的教学目的和内容开发与选择课程资源的能力，充分挖掘各种资源的潜力和深层次价值。课程资源扩展使教师选择的余地加大，选择的机会增多，这一方面能够满足教学的多种需要，另一方面也增加了选择的难度，对教师自身素质的提高是一个挑战，更是一个机遇。

第二节　班级活动资源的类型

依据不同的分类标准，班级活动课程资源可以分为以下几种。

一、校内资源和校外资源

根据空间分布可以把课程资源分为校内资源和校外资源。

校内资源包括校内的各种场所和设施，如图书馆、实验室、专用教室、信息中心、实验实习农场和工厂等；校内人文资源，如教师群体特别是专家型教师、师生关系、班级组织、学生团体、校纪校风、校容校貌等；与教育教学密切相关的各种活动，如实验实习、座谈讨论、文艺演出、社团活动、体育比赛、典礼仪式等。

校内资源是实现班级活动目标，促进学生全面发展的最基本、最便利的资源，班级活动资源的开发与利用首先要着眼于校内资源。没有校内资源的充分开发与利用，校外资源的开发与利用就成为奢谈。

校外资源的涵盖面很广，包括学校以外的学生家庭、社区乃至整个社会中可用于教育教学活动的一切资源。其中，社区及社会资源包括图书馆、科技馆、博物馆、气象站、地震台、水文站、工厂、部队、科研院所以及自然景观等。家庭资源包括学生家长与学生家庭的图书、报刊、电脑、学习工具等。校外资源可以弥补校内资源的不足，充分开发与利用校外资源能为我们转变教育教学方式，适应新课程提供有力的支持和保证。

二、自然资源和社会资源

根据性质可以把班级活动课程资源分为自然资源和社会资源。

我国幅员辽阔，山川秀美，物产多样，可以开发与利用的自然课程资源极为丰富，如动植物、微生物、地形、地貌、天气、自然景观等。使学生认识自然，融入自然，与自然界和谐共处，是班级活动的重要目标。

社会课程资源主要指与人相关的一切资源，包括社会中的文化设施，如图书馆、博物馆、展览馆；文化活动，如政治活动、经济活动、司法活动、军事活动、外交活动、科技活动；文化传统，如宗教伦理、风俗习惯等。

自然课程资源与社会课程资源有着明显的不同。前者的突出特点是"天然性"和"自发性"，后者则带有"人工性"和"自觉性"的特点。但是，它们都可以服务于不同的主题研究和社会体验活动，成为班级活动中重要的课程资源。

三、文字资源、实物资源、活动资源、信息化资源

根据呈现方式可以把课程资源分为文字资源、实物资源、活动资源、信息化资源等。

文字资源主要指的是以文字方式呈现的课程资源，如书籍、报纸、杂志等印刷品。文字资源记录着人类的思想，蕴涵着人类的智慧，保存着人类文化，延续着人类的文明，是学生在班级活动中不可或缺的课程资源。

实物资源表现为多种形式，一类是自然物质，如动植物、矿石等；一类是人类生产生活过程中创造出来的物质，如建筑、机械、服饰等；一类是为教育教学活动专门制作的物品，如笔墨纸砚、模型、标本、挂图、仪器等。实物形式的课程资源具有直观、形象、具体的特点，是常用的课程资源。

活动资源内容广泛，包括教师的言语活动和体态语言、班级集体和学

生社团的活动、各种集会和文艺演出、社会调查和实践活动、师生交往和学生之间的交往，等等。开发活动资源，使学生在掌握知识的过程中增进社会适应和社会交往能力，养成健全的人格，也是班级活动的目标之一。

以计算机网络为代表的信息化资源具有信息容量大、智能化、虚拟化、网络化和多媒体的特点，对于延伸感官、扩大教育教学规模和提高教育教学效果有着重要的作用，是其他课程资源所无法替代的。随着教育现代化进程的不断推进，信息化课程资源的开发与利用已势在必行，它将是最富有开发与利用前景的资源类型。

四、显性课程资源和隐性课程资源

根据存在方式可以把课程资源分为显性课程资源和隐性课程资源。

显性课程资源是指看得见摸得着，可以直接运用于教育教学活动的课程资源。如教材、计算机网络、自然和社会资源中的实物、活动等。作为实实在在的物质存在，显性课程资源可以直接成为班级活动的便捷手段或内容，相对来说易于开发与利用。

隐性课程资源是指以潜在的方式对教育教学活动施加影响的课程资源，如学校和社会风气、家庭气氛、师生关系等。与显性课程资源不同，隐性课程资源的作用方式具有间接性和隐蔽性的特点，它不能构成班级活动的直接内容，但是它以其自身的特点对班级活动实施的质量起着恒久而又深远的影响。所以，隐性课程资源的开发与利用更需要付出艰辛的努力。

五、素材性课程资源和条件性课程资源

根据其功能特点可以把课程资源分为素材性课程资源和条件性课程资源。

素材性课程资源的特点是作用于课程，并且能够成为课程的素材或来源。比如，知识、技能、经验、活动方式与方法、情感和价值观等方面的

因素，就属于素材性课程资源。

条件性课程资源的特点则是作用于课程，却并不是形成课程本身的直接来源，但它在很大程度上决定着课程的实施范围和水平。比如，直接决定课程实施范围和水平的人力、物力和财力、时间、场地、媒介、设备、设施和环境，以及对于课程的认识状况等因素，就属于条件性课程资源。

六、"物"的资源、"人"的资源、"地"的资源

根据存在形态可以把课程资源分为"物"的资源、"人"的资源、"地"的资源。

"物"的资源是指以物质形态存在的课程资源。如学校的图书馆、实验室、教室、计算机室、校内风景、学校的各种基地等设备和设施；家庭环境、设施；社区里的博物馆、少年宫、自然景观、风景名胜、文物古迹、广播电视、网络、现代化教学设备等，都属于班级活动中的物质课程资源。

"人"的资源是指以人为载体而存在的课程资源。课程实施中的人力资源是指从事课程活动的具有脑力劳动与体力劳动能力的各类人员的总和。根据其来源可以划分为校内人力资源和校外人力资源。其中校内人力资源主要包括教师、学生、教育管理者；校外人力资源主要包括家长、各个层次的教研员、课程专家和学科专家。

"地"的资源是以地域为标准来划分的课程资源，包括校内资源和校外资源等。

从以上的叙述中可以看出，课程资源的各种划分之间是有重合和交叉的，在使用过程中教师可以根据班级的情况灵活采纳其中的一种划分方式。在下面的课程资源开发中，我们依据的是最后一种分类标准，也就是按照"物"的资源、"人"的资源、"地"的资源来讨论班级活动资源的开发。

如何创造性地开展班级活动

第三节 开发"物"的资源

"物"的资源是指以物质形态存在的课程资源，按其性质可分为自然物质资源和人工物质资源两类。自然物质资源主要指以自然形式出现的课程资源，包括有生命的生物和非生命的自然现象，如阳光、水、土壤、气候等。而人工物质资源则指人类创造的以物质形式存在的课程资源，包括食物、建筑物、服装等。

在物质资源开发与利用的过程中，因其功能的不同又可以分为素材类物质资源和保障类物质资源两种。前一种主要是指直接成为研究的主题（对象）的物质资源，如动植物、水、食物等。后一种主要是指为主题研究提供研究资料和活动场所的物质资源，如科技馆、图书馆、博物馆等。

一、素材类物质资源的开发

素材类课程资源的开发和利用是实施班级活动的基础，其开发的策略主要表现为以下几个方面：

1. 展开资源的调查与分类

素材类课程资源因其包含范围广，种类多样，常常会出现开发不足的现象。在进行主题研究的过程中，师生常常受思维定势的限制，多关注于自然物质资源的开发，而忽略人工物质资源的开发，进而由于主题素材的限制，导致重复研究的现象发生。对此，教师应在调查学生兴趣及查阅资料的基础上展开广泛的资源调查与分类，在日常教学活动中不断进行补充，从而丰富研究主题的内容范畴，扩展研究的广度。

2. 尝试多视角思考问题

一种素材类资源可以开发出不同的研究主题，进行素材类课程资源的开发，教师必须尝试多种视角思考问题。比如对于水的研究，常常出现的研究主题就是"水污染问题研究"，而事实上水资源还可以开发出其他很多种研究主题，如"水的循环"、"水的功能"、"水的种类"、"物种的含水量比例"等。多视角研究问题也是课程资源开发的一个重要方面，教师不能只着眼于新课程资源的开发，还应该注重现有课程资源功能的扩展。

3. 展开学生间的头脑风暴活动

使学生参与到课程资源的开发中来，不仅是因为课程资源最终要为学生服务，要符合学生的兴趣，更在于学生是思想活跃、思维跳跃的群体，他们会为课程资源的开发带来生机和活力。成人永远也无法猜测学生会思考些什么，会迸发出哪些火花，教师应该给学生以参与的机会，展开他们的头脑风暴活动，促进素材类课程资源的充分开发。

二、保障类物质资源的开发

保障类物质资源是班级活动实施质量的保证。相对于素材类物质资源来说，保障类物质资源的开发一直是相对薄弱的环节。很多时候，保障类物质资源处于一种"开发了更好，不开发也行"的尴尬境地。保障类资源的作用主要有两种，一种是提供研究的资料，另一种是提供活动的场地。有的时候这两种功能常常集中于某一种资源上，如图书馆，但相对来说，主要还是表现为第一种功能。下面就探讨这两类保障类物质资源的开发。

1. 资料类

这一类保障性资源主要用来拓展研究的深度，增加研究的实际意义。它主要表现为图书馆、科技馆、博物馆等实物设施和网络资源。

图书馆等保障类课程资源的开发存在很多相似之处。下面仅以图书馆为例说明其开发的途径：第一，建立学校与校外图书馆之间的联系，使学生可以随时查阅信息；第二，通过图书馆在学生中开展荐书活动，扩展学生的知识面；第三，请图书馆内专业人员为学生作报告，讲解图书资料检索方式。

在充分利用校外保障资源的基础上，学校还可以根据实际情况扩充或成立自己的图书室，并随时向学生开放，达到资源的充分利用。条件较差的学校可以考虑学生之间资源共享的方式，建立学校图书交流角，让学生自带图书，互相之间交换阅读，并就书中内容相互交流。

网络资源拓展了课程资源的时空限制，给课程资源的开发带来了很多便利。网上充足的信息可以使思路更开阔，多媒体强大的模拟功能可以提供实践或实验的模拟情境和操作平台，网络便捷的交互性可以使交流更及时、开放，所以可以重复利用网络这一巨大的信息载体，进行课程资源的开发和内容重组。

开发网络课程资源，往往以学生的自主式学习为主，教师也可以从旁指导。需要注意的是教师应指导学生的网络搜索技巧，培养学生资料筛选的能力。前者往往由信息技术课完成，相对来说，后者更为重要也更难掌握。教师应把培养学生资料辨别的能力当成一种日常性目标，采取多种方式随机进行。

2. 活动场地

班级活动的内容和方式决定了它的实施必然需要大型的活动场所，以进行小组交流和研究发表等活动，因而，在实施的过程中需要开发进行此类活动的场所。但这并不意味着学校要专门辟出一间活动室（当然有条件的学校可以这样做），学校现有的开放式空间都可以承担此类职能，如学校现有的体育馆、陈列室、阶梯教室等。没有条件的学校还可以开发社区资源，如社区的俱乐部、活动中心等。学校可以与之建立联系，借用外部空间，保证学生有充分活动的空间与自由度。

第四节 开发"人"的资源

人力资源是指在一定范围内能够推动整个社会和经济发展的具有智力与体力劳动能力的人的总和，是在劳动力资源的基础上，能够发挥创造性劳动的群体。班级活动实施中的人力资源是指从事课程活动的具有脑力劳动与体力劳动能力的各类人员的总和。

人力资源是课程资源中最基本的资源，是其他资源得以发挥作用的媒介和载体。对人力资源的挖掘、利用和优化配置是课程资源有效开发与利用的一个重要前提条件，它关系到课程资源开发的方向、层次、质量和效果等根本性问题。

一、"人"资源的角色定位及开发

1. 教师

在班级活动的实施过程中，教师不仅决定课程资源的鉴别、开发、积累和利用，其本身还是重要的课程资源。教师从根本上决定了课程资源的识别范围、开发和利用的程度以及效益水平，能够创造出比自身价值更大的课程资源，担当着不可替代的角色，具体表现为：

（1）课程资源的转化者。教师群体之中蕴藏着极大的智慧潜能，他们的知识素养、价值观和情感态度等都是可以直接利用的宝贵资源，并且其他资源的鉴别、开发和使用，以至于进入课堂转化为课程要素，教师都起着决定性的作用，教师使得其他课程资源的广泛开发与利用成为一种可能。

（2）学生学习的引导者、促进者。教的本质在于引导，新课程强调教学过程是教师引导参与所教内容的探索过程，教师应该围绕学生的学习，引导帮助学生走出教科书，走出课堂和学校，充分利用校外各种资源，在社会的大环境里学习和探索，并且帮助学生制订适当的教学目标，指导学生形成良好的学习习惯，掌握科学的学习策略。

（3）课程资源的开发者、设计者。班级活动的实施，使课程开发不仅仅是学科专家和课程专家的专利，教师也成为课程开发的主体。这样教师就不再仅仅是课程的消费者和被动的实施者，而在某种程度上成为课程的生产者和主动的设计者、课程的创造者和主体。

2. 学生

学生是班级活动课的主体，他们实施课程的同时也在创造着课程，活动中应充分发挥学生主体的能动性和积极性，突显出学生应有的地位和作用，所以在活动实施的准备阶段、开展过程、总结与交流等环节都应该尊重学生的实际，关注他们的兴趣、爱好、特长与需要。比如在一次《春天在哪里》的主题活动中，就根据学生的情况把学生分为气象组、服装组、田野组、树木组、花草组和小动物组。小组的确定并不是随意的，如有的学生表现欲强，敢于创新，就把他分在服装组；有的学生观察能力、科研能力、交往能力不错，就考虑在气象组中有这样的成员……正因为在分组前充分考虑了学生的兴趣、特长和需要，使每个小组的成员搭配十分合理。

3. 家长

家长是校外课程资源的重要组成部分，是课程资源开发的社会网络系统得以建立的根本依据，在课程资源开发与利用中扮演着不可或缺的重要角色，具体表现为：

（1）隐性的助学者。家长在孩子的成长过程中用"看不见的手"为其营造了适宜的发展氛围，撑起有助于孩子自主发展的一片晴空。同时家长配合教师组织开展各种活动，帮助学生拟定活动计划或活动提纲，不仅可以提高对学生的教育效果，还可以使学生家长发现自己孩子的优点、长处和潜力，提高他们培养孩子成才的信心。

（2）课程改革的支持者。班级活动的实施与开展，需要家长和社会的理解与支持。家长在社会上从事各种各样的职业，具有各种各样的知识和技能，是学校可以大力开发的课程资源宝库，可以把学生家长作为课程资源的开发源泉，采取请家长来学校给学生讲课的方式，让他们介绍自己或所在工作部门在社会生活和工作中的动人事迹及感受，以教育学生。

（3）学校与社会的联络员。家长可以作为学校与一些社会机构的联络员，提供更多的机会让孩子接触社会、了解社会。所以说家长是重要的辅助性课程资源。

开发家长资源是人力资源开发的重要内容，当家长资源被有效开发时，家长会成为班级活动的支持者，但在有些时候，则可能成为实施班级活动的阻碍者，所以学校应该重视家长资源的开发。

开发家长资源首先应及时沟通，作好宣传。家长因为关心孩子的成长，进而就异常关注学校的课程改革。班级活动从常规角度看来在学校课程体系中属于"异类"，家长难免要对其作用产生疑问。因此，要开发家长资源，学校首先应与家长进行沟通，作好宣传，消除家长的戒心，并使之能积极地投入对孩子的指导中。

其次，建立家长资源库。家长的职业、专业技能及兴趣、爱好等都是班级活动中宝贵的资源，学校应在学生入学之初建立家长资源库，以便获得有效的帮助。一方面可以请家长到学校来给学生做报告或一次性参与指导活动；另一方面学生也可以把活动扩展到家长所在的单位，扩展研究的空间。

最后成立家长志愿者组织。学校可以组织有兴趣、工作方便的家长成立家长志愿者组织，定期到学校进行指导活动

如何创造性地开展班级活动

4. 课程专家和学科专家

班级活动课程资源的开发仅仅依靠某个具体学校的教育工作者在实践中苦苦摸索，只会加大开发的成本，延长开发的周期。因此课程专家和学科专家在课程资源的开发利用过程中扮演着重要的角色：

（1）理论的先导者。他们所提供的理论支持和技术保障是必不可少的。课程专家和学科专家能够通过系统评介国外课程资源开发，分析其时代背景、发展概况、理论观点并总结他们的成功经验，为实践工作者开阔视野、提供借鉴。

（2）认识的界定者。课程专家和学科专家能够从我国的国情和教育发展现状出发，积极探索和构建我国课程资源开发的理论体系、框定范畴、界定概念，以探明课程资源开发中最基础的理论问题，为课程资源开发扫除认识上的障碍。

（3）实践的提升者。课程专家和学科专家能够通过具体参与或典型实验的调研，介入课程资源开发的实践活动，从中发现问题、总结经验，进行理论抽象和概括，以形成课程资源开发的一般规律以及遵循的原则，用以指导大范围的课程资源开发工作。

（4）系统的培训者。课程专家还可以对学校中的教师进行系统的集中培训，进而增强教师的课程资源意识，提高其课程资源开发的能力。

可以说课程资源开发中课程专家、学科专家与具体操作者是彼此依存、相互促进的互动关系。为此学校就要拓宽课程资源开发的视野，广开资源渠道，与邻近的研究所、大学等教育科研机构建立合作关系，进而获得理论指导与技术指导。

二、构建"人"的资源开发的有效机制

1. 建立多元的合作机制

班级活动无论是课程资源的内容，还是研究的方法都涉及多门学科知

识和领域，仅靠单个教师的力量显然是无法完成的，它需要教师之间更紧密、更有效的合作，形成一个平等的、互动的教师工作群体。

另外，在基础教育课程改革的背景下，"合作文化"不仅仅倡导师生、生生、师师之间的合作，也要求教师与家长之间的合作，教师与社区之间的合作，教师与教研员及有关专家之间的合作，发挥学校、家庭、社区、教研机构一体化教育网络的作用，才能创造出"1＋1＞2"的效应。

尤其是从小学到高中，强调让学生走出课堂，走进社会，广泛从事研究性学习，参与社会实践，培养社会责任感，这些目标的完成，是仅仅依靠教师讲授教材为主的传统课堂教学方式所不能胜任的，必须要求学校、家庭、社会的广泛合作。

因此，在基础教育课程改革的背景下，建立多元的合作机制显得特别重要。从某种意义上讲，散乱的个体只是潜伏性的力量，只有通过合理的组合，才能发挥其潜在性的作用，创造出惊人的效益。

2. 建立有效的竞争与激励机制

受传统观念的影响，我国人力资源在一定程度上存在着开拓进取精神不足的弱点，当然学校内部的人力资源开发也毫无例外。因此学校在人力资源的开发过程中，应该造就一个鼓励竞争的环境，这样不仅会使大批教师的创造性才能得以显现，而且有助于发挥他们的主动性和积极性，从而打破各种陈规陋习，给人力资源开发提供一个宽松愉悦的环境。

对不同层次和不同类型的教师的工作业绩，给出不同的考核指标，根据其工作的业绩内容和表现形式给予相应的奖赏，建立有效的激励机制。教师的积极性和主动性取决于其需求期望的满足程度，而这种需求期望的满足不仅取决于教师个人的努力，还取决于学校给予的承认和报偿。因此要建立与考核相配套的奖罚制度、聘用晋升制度、任期制度、津贴制度等，让竞争与激励并存，进而充分调动教师的积极性和主动性，更好地为教育教学服务。

3. 建立以校为本的学习型组织

在学习型社会与终身教育理念的影响和感召之下，学校成为先感受到终身学习必要性的场所之一，特别是在新课程背景之下，把学校建成为学习型组织已成为一种必然。

学校作为学习型组织，从本质上讲，就是能够保持持久的优势并有持续创新能力，进而不断开创未来的学校组织。因此学校要建立以校为本的学习型组织，鼓励每位教师成为终身学习者，使每一位教师都成为学习型组织的中坚力量。校长更应该树立学习型组织理念，以身作则，努力学习，做广大教师治学与工作的表率，敦促每位教师不断学习，不断超越自我。

学校要营造支持学习者的氛围，构建学习型组织的环境平台，使教师转变观念，在工作中不断完善自己的专业素养，使学校既是工作的共同体，又是学习的共同体，实现学习的工作化和工作的学习化。同时学校必须注重建立开放、动态的校本培训制度，把人力资源培训作为自己的主体行为，自觉实施，发挥学校人力资源开发在学校管理中的增值功效，并鼓励校内人员不断超越自我，拥有学习共享与互助的心理氛围，拥有实现知识创造、传播与运用的能力，以适应时代和社会发展的新要求。

4. 建立双向互动的教研制度

双向互动的教研制度与传统的教研制度有着显著的差别，更强调教研的指导性和服务性。其指导性与服务性主要表现在三个方面：协助、培训、研讨。通过这种互动式的教研制度，为教师提供一个交流探索的空间，让他们的思维进行碰撞，理念得到升华。

教研人员与教师一起，在相互交流的过程中共同体验、共同探索、互相合作、互动发展。这种教研制度能及时发现和总结广大教师在教育教学工作中形成的好经验，通过互相交流与合作，使个体的零星的成功经验，成为可被众多教师分享的较为系统的专业知识，使之上升成为具有一定理论层次的规律性认识。

　　同时可以根据基础教育课程改革的需求，丰富教研活动方式，把讲座、报告、教学研讨、观摩、案例研究、问题研究、角色扮演等方式有机结合起来，让教师在教研活动中能够相互理解，增进交流与互动，由此增强教师队伍整体的专业化水平，使教研活动成为教师专业持续发展和不断改进教学的重要途径。

第五节　开发"地"的资源

"地"资源内在于人的一切活动之中，深刻影响人的行为方式而难以直接把握。作为一种潜在的、弥散在学校内外每个角落的课程资源，它对学生的发展起着潜移默化的、持久的作用。

一、校内资源的开发

由于历史传统、文化背景、所处的地理环境等因素决定了每一所学校与其他学校在办学思想和风格上肯定不是一样的，班级活动的开展也应该是千姿百态的，每个地区、每所学校应该有自己对班级活动课程的理解，选出反映学校特色的课题，走出各自具有鲜明特色的路子来。如依据学校特色，成立文学社、广播电台小组，培养学生良好的朗读、书写、观察、表达能力；通过组织航模队、电脑网络小组、科技小组等活动，提高学生动脑思考、动手操作、团结合作等习惯的养成。

以校园文化为中心的课程资源可以分为学校环境文化、精神文化、制度文化。

1. 学校环境文化

学校环境文化也叫学校物质文化，是学校文化的外在标志，是指校园中有文化意义和文化内涵的物质实体，包括校园建筑、设备设施、绿化等。这些特征可以被看见并显现在表面上，它是校园文化的"基础工程"。

学校环境文化在班级活动中的作用有两种，一方面校园景观积淀着历史、传统、文化和社会的价值，蕴涵有巨大的潜在教育意义，是班级活动中探究式学习和体验性学习的重要内容，学生在对这些物质景观进行反复解读与体味中，形成相应的文化价值观念，拓展了自身的生活视野。如东北师大附小三年级的学生就以"东师附小——智慧的摇篮"为主题，围绕学校建筑等方面进行了研究，探寻学校的历史和发展轨迹。另一方面学校环境文化也可以成为学生研究与设计的对象，通过让学生设计草坪、墙体宣传画、活动设施等方式，使他们参与学校环境文化的规划与营造。

2. 学校精神文化

学校精神文化是一所学校在长期的教育实践过程中所创造和保留下来的并为其师生员工所认同和遵循的文化传统、价值观念、道德情感、思维方式、心理情趣、人生态度及政治观念等。学校精神文化是学校文化的深层文化，是文化资源的核心，它是动态的、不定期的或自发的，是校园文综合实践活动开发与设计化的"灵魂工程"。

精神文化在认知方面，是学校的群体结构和个体对教育目的、教育过程、教育规律的认识；在情感方面，是学校成员对学校、师生的依恋、认同、热爱，对学校的责任感；在价值方面，是全校师生共同推崇的价值取向；在理想方面，如校训，可昭示师生有远大的理想、坚强的毅力、团结勤奋、求实创新。这些因素相互作用，构成学校独特的校园文化风格。对于班级活动来说，学校精神文化主要起到一种内隐的熏陶作用，让置身于其中的学生能自然地受到学校文化的影响。

3. 学校制度文化

学校制度文化是指学校文化中的制度部分，包括学校各种条例化、文本化的规章制度、行为规范、纪律等，以及学校中那些无形的习惯、约定俗成的规范等等。

学校制度文化是学校管理的基础，是学校教育规范化的保证。班级活动需要学校制度文化给予相应的保障和支援作用：一方面通过制度保障（如教师配备制度、课程管理制度、资源使用制度等）使班级活动的开发与实施规范化、有序化，另一方面通过制度支援（如教师培训制度、教师奖励制度等）使班级活动的开发与实施得以深入化、高质化。

怎样才能开发出富有校特色的班级活动呢？我们先看一位教师的笔记：

班级活动具有实践性特点，强调学生亲历与实践，我区综合实践活动的特色就是以社区服务和社会实践为切入点，在此基础上整合综合实践活动、社区服务与会实践、劳动技术教育三个内容领域，有效实施社区服务与社会实践，让学生自主创造性地走入社会，参与社会实践是课程实施的关键。

介于学生年龄小，活动范围较窄的特点和安全保障等因素，综合实践活动主题内容结合社区实际展开，很有必要。因此，学校在进行主题活动策划时，要充分挖掘社区的教育资源，深入地了解社区的人员构成、文化特色、知识水平、职业特点。

如清水塘小学地处文物一条街，与长沙市一中相邻，学校从中挖掘出课程资源。如针对小摊贩、交通拥挤的现象开展广泛调查、访问，提出建设步行街的设想，并开展"知我社区，爱我社区，建我社区"的系列主题活动。

又如，麻园岭小学，周围卫生机构、医院较多，许多学生的家长就是医生护士，学校开"小小卫生队"的社区服务活动。又如湘春路、新风街小学所在社区三无人员多，抢劫现象严重，针对此特点，开展学生自我保护教育和整治身边环境、建设文明小区的活动。

新河小学，可研究开福寺周围的社会、文化现象及根源等。如，民主西街"惜阴里"之名，因西晋陶侃将军"圣人惜寸阴，吾辈应惜分阴"而来，学校可对社区周围老街名由来引导学生了解，挖掘社区历史文化底蕴。总之，要深层次地了解所在社区的地域特点、文化特色、人员构成、历史渊源，有针对性地引导学生关心社区、服务社区。

从这位教师的笔记中我们可以看到学校在进行班级活动课程资源策划时，要充分挖掘社区教育资源，深入地了解社区的人员构成、文化特色、知识水平、职业特点进行校本化开发，这样的主题活动才真正贴近学生的生活实践。

案 例

我当小导游

一、活动构想

1. 在整个活动中，通过学生主动地为陌生游客导游这一活动，学生形成自主学习的能力，并且学生通过与社会生活多联系，增长见闻。教师与学生一同活动，组织学生汇报交流，作为活动的支持者更是活动的协作者与指导者，充分体现学生的主导地位。

2. 活动中分组活动，学生学会良好地与他人合作学习，学生了解自身与他人之间存在的差距及各自的优势，学会发现问题，并加以改进。

3. 在与同学交流各自心得体会时锻炼自己的语言表达能力及积累运用各种知识的能力。

4. 在活动时，学会灵活运用各种学科知识，懂得如何处理突发情况，增强随机应变的能力。

二、活动过程

第一阶段：收集资料

时间：2009 年 9 月～2009 年 11 月

第二阶段：导游阶段

时间：2009 年 10 月～2010 年 5 月

第三阶段：成果交流

二、校外资源的开发

校外文化资源从空间上讲包括家庭文化资源和社会文化资源。

家庭是构成社会的基本单位，家庭文化是社会文化的载体，其文化形态不仅表现在家庭经济生活之中，更浓缩、散发于家庭文化教育之中，成为开拓社会文化的行为载体。家庭的精神文化如家庭信仰、价值观念、家庭情趣、道德风尚等对学生的成长和发展起着重要的作用。家庭文化资源更多地是以家庭教育的方式隐性地存在的，对于家庭文化资源的开发可适当参照有关开发家长资源的论述。

社会文化资源主要表现为在长期发展的过程中，在特殊的自然环境、经济模式和意识形态等条件作用下所形成的社会的思维模式、知识结构、价值观念、伦理规范、行为方式、审美情趣等文化习惯和文化积淀。

班级活动中对社会文化资源的开发主要表现为参与社会文化活动，并以此为契机增强班级活动的社会互动性，丰富班级活动的内涵。开发社会文化资源主要有以下几种途径：

1. 加强与社区及社会文化团体的沟通，统计并整理社会文化活动目录。因地区差异，各地在不同时间都有固定的文化活动，如当地的电影节、啤酒节、农业成果博览会等。学校可以通过与社区及社会文化团体的沟通，整理当年文化活动的目录，以供开发和利用。

2. 适当安排综合实践活动的内容，与社会文化活动相契合。学校可以根据社会文化活动的性质，及学生研究、发展的需要适当安排与调整班级活动的时间与研究内容，以便学生从社会文化活动中获得更多的资源和更深入的理解。

3. 组织学生参与社会文化活动，增强社会服务能力。一般来说，一些大、中型的社会文化活动都需要一些服务队和志愿者进行一些宣传、维护、讲解等工作，学校可以安排高年级的同学参与这些活动，增强他们的社会服务意识与服务能力。

如何创造性地开展班级活动

案例

新港镇的城市化进程主题的由来

一日，我偶然翻看学生的学籍册，发现不少学生的家庭住址一栏赫然写着"望城县霞凝乡"，不禁莞尔，植基中学所在地霞凝乡以前的确是隶属望城县的一个偏远的穷山村，1996 年区划调整才划入长沙市开福区。长沙市实施兴北战略以来，这个仅距长沙市 10 多公里的弹丸之地首当其冲，身价倍增，已于两年前改制为"长沙市开福区新港镇"。土生土长的学生们"两耳不闻窗外事，一心只读圣贤书"，才会出此谬误。

某次读报时间，我向学生讲起长沙晚报上的一则消息"长沙新港落户霞凝"，台下顿时哗然，学生们兴奋之情溢于言表。当听说座中有位同学家里就是建新港的拆迁户之一时，对此事一知半解者、全不知情者纷纷把问题抛向了他："港口具体位置在哪儿？""有多大？""具有哪些功能？""为什么要选择建在霞凝乡？"……看着这群十几岁的孩子竟是如此热切地关注家乡的新事物，我为之感动，不忍心打断他们的"争吵"。

三环线、长湘路、商贸城、湖湘文化大市场、长沙新港、新港新村、加油站、火车北站、汽车北站……短短几年时间里各项重点工程相继落户新港，其中很多项目已如雨后春笋般拔地而起，新港镇旧貌换新颜，越来越多的学生家庭都成了重点工程的拆迁户，打工回家的游子一时之间竟然找不着家门。新世纪里新港镇抓机遇、挑战，一座现代化格局的小城镇已初具雏形，政治经济文化欣欣向荣。面对日新月异的家乡，学生既熟悉又陌生，这次班级活动的主题于是应运而生。"爱我新港、知我新港、兴我新港"是活动的初衷，孩子们迫切地希望能走出课堂、跨出校门去直面外面的世界。

这是一次比较成功的班级活动。学生走出教室，跨出校门，尝试以独立自主的"社会的人"的姿态直面形形色色、千变万化的现实世界。在参观、考查和访问等多种形式的实践和探究过程中，体验亲历亲为的多元感受。禁锢的思想趋于活跃而富有个性，陈腐的学习方式演绎为自主、合作、探究，单调的学习内容变得开放且关注人文，教学目标也超越了曾被视为"学生的命根"的分数与等级，直指实践能力和创新精神的培养。

在这个动态的过程里，学生的综合素养获得发展和提高。学生学会了团结协助，学会了人际交流，学会了社会调查的方法，学会了写调查报告，学会了用多媒体展示活动成果，学会了在综合实践活动中发现问题、分析问题和解决问题。而作为活动的指导老师，也真切地体会到了教学相长的滋味。

第六节 班级活动资源开发的注意事项

班级活动资源需要从多方面、多渠道进行开发，但是在开发过程中还有以下问题需要注意。

一、树立综合的课程资源观

在传统教育体系中，只有教科书和参考书是课程资源，体现了一种单一的课程资源观。而在新课改之后，尤其在实施班级活动的过程中，教师应树立一种整体的、综合的资源观，即凡是与班级活动有关、可能进入教学体系、对于实现教育目标有作用的都可以成为课程资源。不管它以何种形式、在何处存在，都可以被开发、被利用。可以这样说，课程资源是无处不在的。

同时，应重视教师作为人力资源的重要作用，把教师队伍建设放在课程资源建设的首位，通过教师带动其他课程资源的开发与利用。学校应为教师的发展提供更多的保障与支援，给教师进行课程资源开发的空间与自主权，实现全方位的课程资源开发。

二、课程资源开发应紧扣活动目标

课程资源的开发和利用是班级活动得以丰富和完善的源泉，可以这样

如何创造性地开展班级活动

说，班级活动实施的过程就是不断开发和利用课程资源的过程。但这并不意味着课程资源的开发是随意的、盲目的，相反必须紧扣活动目标，按照活动目标的要求有针对性地开发利用课程资源。活动资源的开发利用可以从以下方面着手：

1. 教育内容的扩充和加深

教育内容的扩充表现为有时需要从课程资源中挖掘出更加丰富的内容，使学生的活动范围得到扩充。教育内容的加深则表现为需要从课程资源中获得信息，使学生的研究活动更加深入、有效。教育内容的扩充与加深很多时候是同时完成的。如进行城市历史的研究，学生从书本或乡土教材上获得的内容毕竟有限，这时就可以充分利用课程资源，一方面给学生更多的内容空间，另一方面也通过空间的拓展使学生对城市的历史发展有更深入的理解，从而深化教育内容。

2. 典型对象的选取

有时需要从课程资源中选择一个典型的对象，以提高活动的针对性或增强课程内容的典型性。例如，组织环境污染方面的调查活动，涉及多个方面的内容，学生可以从工业污染、农业污染、生活垃圾污染等多个角度切入，但是考虑学生的年龄特点和时间安排等，可以选择一个典型对象，进行深入细致的调查研究。

3. 课程实施条件的创设

有时需要从课程资源中寻找一个适当的"工作平台"（场所、情境），如与活动主题相关的风景名胜、历史文物、文化设施等，激发学生的兴趣，使学生在身临其境的实践活动中，积极参与，从而增强活动的效果。

课程资源利用并非只是教育场所的转移，为教育者所开发利用的课程资源应该包含着具有教育与发展价值的问题或任务，隐藏着引起学生开展班级活动的契机和促使学生经验增长的有利因素。因此。不仅可以从课程资源中寻找合适的"工作平台"，而且在必要时，可以有意识地利用现有条件创设出更理想的"工作平台",以保证学生在自主实践、不断探索的过程中,得到更充分的锻炼,获得更多的收获。

三、课程资源开发以校内资源为主

班级活动资源的开发应以校内资源为主,在充分开发校内资源的基础上,逐渐向外扩展。校内课程资源包括学校各种设施、环境、文化、师资、学生等。

以某校为例:校园内树木成荫,花草成畦。优美的绿化带,红、黄搭配的硬化路面给人以赏心悦目的感觉。孩子们在感受校园美的同时,也对各种植物现象产生了浓厚的兴趣,并提出了各种各样的有趣问题,于是该校开展了"我与绿色同行"为主题的一系列班级活动。

1. 我与绿色相约

2008 年,"绿色奥运"的春风吹遍了五洲四海,也吹进了每一个学生的心里。学生怀着激情、带着希望与绿色相约,用植物的名称为自己的小队命名,走进植物王国,留心观察校园内的一草一木,与树木、花草合影留念,制成网页。利用学校的微机室、图书室等现有资源,通过上网、访问等方式查找资料、整理资料,了解树木、花草的名称,知道了植物是怎样生长的,如何看树的年龄,为什么花有各种颜色,植物对环境的作用等,认真填写校园植物调查表、植物知识百宝箱。美丽的校园,美的享受,学生的知识探索能力更使校园呈现勃勃生机。

2. 我与绿色共成长

伴随着阵阵春风,又一个植树节来临了,在"我与绿色共成长"活动中,学校组织学生亲自动手为学校栽种小树,而且在小树上留下了自己的名字,与小树共成长。虽然大家都累得满头大汗,但看到自己的劳动成果,脸上都洋溢着灿烂的笑容。以手抄报、班会等形式让同学们了解了植树节的来历和植树的重要意义,然后写出了自己的快乐日记,以"我与绿色共成长"为题进行了小练笔。这一活动让学生由衷地感受到：播种绿色就是播种希望。

3. 争当绿色小天使

一系列的活动，燃起了学生创作的欲望，于是学校组织开展了"争当绿色小天使"活动。在这一活动中，"绿色小天使"们手指着自己搜集的树叶做成的漂亮的标本画，介绍树叶的名称、制作过程及绿色的畅想。激情洋溢的讲解，把欣赏者带入了绿色的遐想中，让欣赏者流连忘返；"爱绿、护绿小天使"更令人刮目相看，同学们设计诗意的绿色标语，爱绿、护绿倡议书，为小树挂牌，给小树搭支架……同学们在绿色的综合实践活动里，自由翱翔，快乐体验，畅谈着美丽的梦想，让心跟梦一起飞翔！

四、课程资源开发要因地制宜

课程资源的开发利用因地制宜的原则主要表现在三个方面：其一是体现地方课程资源的独特性；其二是体现地方资源的丰富性；其三是根据实际条件，量力而行。

我国地区差异较大，各地因地理和历史传统的不同而形成了形态各异的物质和文化资源。课程资源的开发应从本土化出发，从本地资源中开发出更多可资利用的教育因素，保持地方资源的独特性。

如威海某校根据当地特点，组织学生欣赏威海的自然风光，收集威海文物古迹的材料，了解威海的风土人情，游览威海公园、刘公岛等风景区，开展了多种形式的本土化综合实践活动。

1. 我实践，我快乐

美丽的威海孕育了悠久的历史，2008年威海作为"创文明城市"的一员，不仅展示了现代城市的风貌，更让人感受到了"威海历史古迹"的文化气息。在"我实践，我快乐"主题活动中，学生通过参观、访问、调查、采访、上网、查阅资料等，了解威海的历史文化。师生一起走进"威海历史"，寻找威海的古建筑遗迹（英式建筑）、古战场遗址（如刘公岛）、非物质文化遗产（海草房民居等），拍摄照片、摄录成像，制成网页，用精美的画笔写下了曾经悠久而璀璨的威海文明。通过此次活动同学们了解了威海的历史，熟悉了威海的文化。培养了学生搜集资料、分析问题、解决问题的能力以及全面、客观评价历史人物的能力。激发了同学们热爱威海、热爱家乡的情感，增强了学生作为威海小市民的自豪感和自信心。

2. 我当小导游

在"创建文明城"活动中，学校各班还组织开展了"我当小导游"系列活动，让同学感受威海文化的同时，体验威海导游应具备的知识和素质。在"威海人说威海"这一活动中，"小导游"们手执小红旗，分别介绍威海的旅游景点。热情、流畅的讲解，把"游客"们带入了美妙的境界中，受到了游客的一致好评；"威海欢迎你"这一主题活动也开展得有声有色，同学们载歌载舞，赞美威海，歌唱威海，然后以"威海欢迎你"为题进行快速作文训练……同学们在丰富多彩的综合实践活动里增长了知识，提高了观察、考察、采访等各方面的能力。

3. "爱我威海"环保行动

"爱我威海"环保行动让学生走进威海，在游览大自然、品味威海文化的过程中，开展了"清除白色垃圾，共建美好家园"的实践活动。学生们发扬不怕苦、不怕累的精神对小区内的白色垃圾进行清除，还社区一个崭新的环境。活动中，部分居民也积极参加，并对学校组织此次活动给予了较高的评价。本次活动增强了学生的环保意识和团结合作意识，将环保意识深入社区，促进大家共建美好家园。

总之，在班级活动的开展中，应树立一种开放性的思想，不能局限于课堂，不能局限于书本，不能局限于固定的时间安排，应充分调动每一种课程资源的积极因素，使班级活动的开展具有更大的空间，也收获更多的喜悦！

第四章 班级活动的实施策略

　　随着时代的发展和教育改革如火如荼地进行，班级活动越来越成为一种与传统的学科课程有着本质区别的新的课程领域，比如综合实践活动就强调"学生通过实践，增强探究和创新意识，学习科学探究的方法，发展综合运用知识的能力。增进学校与社会的密切联系，培养学生的社会责任感"，"加强信息技术教育，培养学生利用信息技术的意识和能力。了解必要的通用技术和职业分工，形成初步技术能力"。因而，不同于传统的学科课程，班级活动的实施体现了其自身独有的特点、模式和组织形式。把握实施中的这些基本特征，是有效实施班级活动的前提。

第一节　班级活动实施的模式选择

　　我们将班级活动的实施分为指定领域和非指定领域两个部分。指定领域指的是《基础教育课程改革纲要（试行）》中规定的研究性学习、社区服务与社会实践、信息技术教育以及劳动与技术教育四部分内容，而非指定领域指的是班团队活动、学校传统活动（科技节、体育节、艺术节）、学生志愿者活动等。因为非指定领域的实施因学校传统的不同存在着很大的差异，很难也没有必要达成统一的认识。因而本章班级活动实施模式的论述专指指定领域。

　　模式是指对某一过程或某一系统简化与微缩式表征，以帮助人们形象地把握某些难以直接观察或过于抽象复杂的事物。研究班级活动实施的基本模式并不是要将其实施程序固定化，而是为了提取其实施过程中的基本内核，以促进教师对班级活动的实施过程建立清晰的认识，从而促进教学指导的改进。比如，《3～6 年级综合实践活动指导纲要》中倡导综合实践活动的实施应体现综合性，应力图以综合主题的方式，将研究性学习渗透于社区服务与社会实践、劳动与技术教育信息技术教育或由社会实践与社区服务统摄研究性学习、劳动与技术教育、信息技术教育，亦可从劳动与技术教育、信息技术教育领域切入研究性学习、社区服务与社会实践，实现四大领域课程内容的整合。

　　总之，班级活动的实施是一个整体，是以一个综合主题统领整个实施过程。也就是说，在实施的过程中，在同一时间段内只表现为一个主题

（项目），而不是并列的四个（或更多）主题（项目）。这就为探讨班级活动的基本程序提供了可行的基础。

班级活动的实施是学校的统筹计划与活动生成性的统一，所以，其实施表现为学校的统筹计划与教师的具体实施两个同一过程的不同层面，其中，学校的统筹计划统领教师实施的全过程。

一、学校的统筹计划

学校的统筹计划是班级活动实施的重要环节，从一定程度上说，班级活动的实施更多地体现了"校本课程"的特点，学校是班级活动实施的主体单位，因而，学校必须承担起规划和组织的责任。学校的统筹规划主要体现为制订班级活动实施的总体计划，包括确立学校活动的主题体系和确定学校的探究计划。

综合主题是班级活动目标实现的载体，探究主题设计的品质直接影响到活动目标的达成，因而具有十分重要的意义。

从主题的不同层次来看，主要有校级、年级、个人三个层面的主题。由于校级主题和年级主题的确立都是从学校的角度出发，且表现为一个统一的整体，因而可以把二者统称为校级主题，主要表现为对学校探究主题的总体思路和各年级探究主题的设计。个人主题指的是学生个体在探究过程中形成的要研究问题的线索和概述。校级主题和个人主题的确立过程是两个不同层次、不同水平的过程。

校级主题主要表现为学校根据活动的目标和内容要求对本校活动的总体规划和设计。在设计主题的过程中主要涉及以下几个问题：

1. 主题设计的线索

班级活动的校级主题应该是一个有机的整体，遵循一定的内在线索，体现学校对班级活动的整体设计，而不是若干主题的随意拼凑。活动内容的选择和组织要围绕学生与自然的关系、学生与他人和社会的关系、学生与自我的关系这三条线索进行，主题的设计也应遵循这三条线索。

（1）学生与自然的关系

自然是人类赖以生存的环境，人类生存首先要考虑的就是与自然的关系问题。让学生走向自然，探索大自然的奥秘，不但能丰富学生的体验和认知，还可以让学生从感性上建立起与大自然的和谐共生的关系，从而增强学生保护自然、保护环境的意识。

（2）学生与他人和社会的关系

近年来，我国独生子女家庭越来越多，并因此带来了很多社会问题，如学生普遍表现出缺乏交往能力、合作能力，缺乏关心、容忍等不良特性。通过班级活动中的社会体验能使学生认识到社会化生存中自己与他人的共处关系，从而形成合作的意识，促进人与人之间关系的改善。

在社会中，社会风气、社会传统、社会机构、社会事物都会对人的生存方式发生或多或少的影响，同时每个人也都要与诸多社会机构、社会事物打交道，获得各种帮助。而一些学生在家长的过分关注下，往往表现出各种社会生存能力的缺失。通过班级活动让学生走向社会、亲身体验社会实践要求，不失为一种增强学生社会生存能力的良策。

（3）学生与自我的关系

每个学生都是一个独立的个体，都应该具有自我规划能力，并为自己的生存、发展负责。在日常的学习和生活中，学生往往在家长、教师的安排下生活，而缺乏对自己的明确认识。班级活动能让学生认识自己、了解自己，进而能够设计自我、规划自我，形成自己的理想和奋斗目标。

这三条线索并不是彼此分离的，其内涵和操作有重合的部分，在设计时可以使某一主题更侧重于、更着重体现某一线索，而不是将三者完全割裂。

2. 主题设计的原则

主题是学生直接面对的对象，学生要在学校主题的范畴内选择自己感兴趣的问题进行探究。一个好的校级主题，其设计应遵循以下原则：

（1）综合性、概括化原则

探究主题是班级活动内容的载体，活动的内容要体现综合性的特点，探究主题自然也应该是综合性的。综合性的探究主题不仅能扩展学生的视野、丰富学生的体验，也有利于全面性地促进学生的发展。

校级主题主要是对学生探究域的限定，为学生确立个人的探究主题提供一个框架，而不是对某一具体探究问题的规定。因而，校级主题一定要具有概括性，为学生选择自己的主题留有广阔的空间。

（2）生活化、可操作原则

班级活动倡导从学生的生活实际出发，促进教育与学生生活世界的联系，在学生的实际体验中促进其能力的发展。活动是沟通学生生活世界与教育世界的桥梁。为此，主题设计应遵循生活化的原则，从贴近学生生活的问题入手，引发学生探寻生活世界中问题的兴趣。

同时，主题设计不仅要从问题本身的价值性角度出发，还要考虑现实的条件，使问题具有可操作性。现实条件包括学校所处区域的自然条件、可获得的人力指导条件、可获得的探究器械、可获得的探究资料等。

（3）生动性、趣味性原则

活动实施过程的展开以学生的自主选择为线索，学生的兴趣是探究的出发点。所以在设计校级主题时还应考虑到主题涉及内容的生动性、趣味性，所确立的主题应该符合学生的身心发展特点，能激发学生的探究意识和探究兴趣。为此，校级主题必须以年级为单位，在各个年龄段设计不同的内容，而不是设置一贯性的内容。

3. 确立总体探究计划

在确立校级主题之后，学校还应该对学期探究活动作总体上的安排，制订校级的探究计划。校级计划是教师制订学年探究计划的基础和准绳，应包含以下几个要求：第一，时间安排，确定活动的时间范围；第二，实施程序，确立活动实施的基本模式；第三，总体目标。

校级计划对班级活动的实施起到一个统领的作用，应该是宏观上的计划，而不必对实施的具体方式作硬性的规定。

二、实施的基本模式

根据主题性质的不同，班级活动的实施可以表现为很多种类，如问题探究类、项目（技术）设计类、社会（自然）体验类等。但各类班级活动都表现为大体相同或相似的基本过程，即主题确立——主题探究——总结发表。

1. 主题确立

（1）问题探究类主题。这类主题表现为学生针对某个需要解决的问题所进行的一系列问题解决活动，以促进学生分析问题、解决问题能力的发展。

根据问题的不同可以分为自然探究类主题，如"水污染程度调查"、"小动物如何过冬"、"酸雨的形成"等；社会探究类主题如"家乡的历史"、"超市的调查"等。根据学生能力及发展水平的不同也可以选择交叉性的探究主题，如"气象问题对当地经济发展的影响"、"环境污染与人的健康"等。

（2）项目（技术）设计类主题。这类主题主要发展学生的设计、制作、规划与组织能力，要求学生在综合应用所学知识的基础上进行问题解决的实际操作。它包括制作某一项产品，可以是科技方面的，如小小电风扇、飞机模型，也可以是社会性产品，如社区小地图、超市导购图等；设计某个方案，如"学校绿化方案"、"社区休闲广场建设方案"等；改进某个系统，如"食堂收费制度改进建议"、"改造学校的草坪"等；计划和组织某项活动，如"社区环保宣传"、"社区考察一日行"等。

（3）社会（自然）体验类主题。这类主题主要是引导学生认识社会（自然）、观察社会（自然）、服务社会，在与社会、自然的接触中培养学生的体验力、观察力与感受力。如"春天的公园"、"我是社区小医生"等。

2. 主题探究

主题探究表现为在确立主题之后，学生在教师的指导下运用多种方法解决问题的过程。在这一阶段，主要表现为制订活动计划及运用恰当的探究方法落实计划两个方面。

制订活动计划是进行主题探究的必要前提，计划制订的情况在很大程度上决定着学生的探究成效。

班级活动最重要的特点就是体现学生的自主探究，锻炼学生计划、开展某项活动的能力。学生不是在教师的安排下完成任务，而是在自我的计划、监控和调适下完成任务。因而，制订周密的探究计划是学生开展探究活动的第一步，更是必不可少的一步。计划应该是由学生自主制订的，教师只起到指导、建议的作用，帮助学生完善计划，而不是代替学生思考。

学生制订的计划应该包含活动名称、探究目的、活动准备、活动内容、时间、组织形式、活动分工等各项内容。计划也可以采用表格式或文本式的表现形式。

落实计划的过程中，最重要的就是学生采取多种方法相结合的形式进行活动。可供学生选择的活动方法主要有以下几类：

（1）探究类。主要适用于学生解决某个问题，具体有观察法、调查法、实验法、比较法、分析法、文献查阅法（包括文本资料和电子资料）等；

（2）体验类。主要适用于学生获得某些体验，具体有参观法、访问法、考察法等；

（3）社会服务类。主要适用于学生组织、参与某些社会活动，具体有社会宣传、演示、表演等。

一个活动主题会涉及多种探究方法，同样，一个探究方法也可以达成多种研究目的，所以在探究过程中，最重要的是把多种方法结合起来，以获得更多、更准确的资料。

3. 总结发表

总结发表指的是学生通过书面或口头的方式总结、展示班级活动过程及其结果。总结发表既是对学生在活动中的表现和成果的小结，也是师生之间、生生之间共同学习和交流的机会。学生可以在总结发表阶段既总结自我、表现自我、反省自我，也发现他人、欣赏他人、评价他人。

总结发表可以分为阶段性成果和最终成果总结两种目的。其中阶段性成果是最终成果的基础，最终成果建立在阶段性成果之上。总结发表可以分为平面展示型和现场互动型两种形式。平面展示型是把学生的成果以文本、图片或影像的形式通过展板、展台或其他形式展示给公众；而现场互动型则通过学生的现场交流、报告、表演、答辩等形式立体式地展示。这两种形式各有千秋，可以有机地结合在一起使用，以增强总结发表的效果。

总结发表可以表现为不同的规模，可以校内发表，即分为班级、年级、校级三种规模，也可以面向社会，吸收家长、社区及社会相关机构人员等参与发表，增强发表的规模和影响力。通过向社会展示活动的实施成果，可以争取他们对今后实施的理解和支持。

第二节 班级活动实施的组织形式

　　班级活动实施的模式指的是实施的基本程序，而在活动展开的过程中，还存在着不同的组织形式与学习方式。根据规模的不同，班级活动的组织形式可以分为个别探究式、小组合作式和集体交流式三种。这三种组织形式分别适用于不同的活动需求，在实施的过程中，可以将三者结合在一起灵活选择。

一、个别探究式

　　个别探究式指的是在教师指导下以学生个体为学习单位进行自主探究的教学组织形式，它是相对于小组合作探究而言的。班级活动虽然倡导学生的合作学习、合作探究，但也并不排斥个别探究活动的存在，个别探究也是班级活动中一种非常普遍的组织形式。

　　个别探究主要是指在主题探究过程中学生个体的探究活动。在整个班级活动的实施中，个别探究式应用的范围最广。即使在小组活动的过程中，学生也有个人的探究任务。个别探究式的教学组织形式有一定的实施条件：

1. 探究任务适度

　　班级活动的实施关键在于在适当的活动中采用适当的组织形式。个别探究式是以学生的个人探究活动为主线而展开的，而学生的个人素质决定了其探究活动所能达到的程度。因而，教师在组织的时候一定要关注学生所确定的探究问题是否适度，即探究范围、深度、强度是否合适。

2. 教师及时指导

教师指导是学生探究的支援和保障，在进行个别探究的过程中，教师一定要做到及时指导。学生探究的分散性给教师指导带来了一定的难度，此时应充分发挥教师合作指导的优势，为需要的学生提供及时、有效的指导。教师指导不仅在于为学生提供适当的纠正、补充，也在于为学生提供丰富的背景资料和探究工具，起到支援作用。

3. 及时总结交流

由于学生的个别探究以个人活动为主，学生之间探究的课题各不相同，所以在探究的过程中，教师应该及时组织阶段性的成果交流。这样不仅为学生提供了展示的机会，更重要的在于引发学生之间的讨论，使学生之间能够互相参考、互相评价。

二、小组合作式

小组合作是班级活动采用的主要组织形式，旨在通过小组合作与分工，培养学生团队精神和交往能力。小组合作与个别探究分别适用于不同内容和形式的班级活动，不能简单地从形式上划分孰优孰劣。组建小组的方法一般为：小组成员共同研究同一类主题或小组成员间特长互补。如何开展小组合作研究呢？

1. 引导学生明确并积极承担在完成共同任务中个人的责任

就一个具体的活动而言，往往是由信息搜集、资料查询、走访调查、总结提炼一系列过程来完成，怎样在人力、物力有限的情况下，又快又好地完成活动任务呢？这就取决于小组成员中的分工合作与个人任务的出色完成，如有个小组在开展"走进社区"系列活动中每小组成员之间分工明确，各施其责，分别开展了调查、走访等活动，这样搜集了全方位、完备的资料，为整个活动展示提供了充分的材料来源。

2. 引导学生积极地相互支持、配合

就一个小组而言，学生中存在着不同的差异，有的学生能力很强，有的学生相对较弱。在合作完成某个学习任务时，则特别需要培养学生的相互支持和配合精神，让每个学生在互助性的学习中建立足够的信心，处于学习的最佳状态。

3. 让所有学生能进行有效的沟通，建立并维护小组成员之间的相互信任

苏霍姆林斯基说过："人的心灵深处有一种根深蒂固的需要，这就是希望感到自己是一个发现者、研究者、探索者。"这就注定学生都希望通过自主、独立的发现问题，用表达与交流的方式获得知识技能。班级活动中往往是提倡学生敢于提出问题，大胆发表自己的见解，并通过与同组成员的交流合作、讨论来展示自己独特和新颖的解决问题的方式，表达自己的学习成果。并愿意在活动中尊重和听取别人的不同意见，相互信任，通过协商、探究，讨论学习的最佳途径。

4. 对于各人完成的任务进行小组的加工

在小组合作中，往往个人的力量是有限的，就像一个活动中由于分工化、具体化，学生的信息量往往可能有些偏窄或者片面，缺乏多源。教师在资料总结提炼的时候就可以让学生对自己熟悉的领域进行加工、修补、丰富以取得最佳活动效果。这一点在后期展示过程中最能得到体现，如分组展示资料时，有小组采取办报形式，群策群力，各显其能，充分发挥集体智慧，使简单的文字更系统更丰富。

5. 根据活动目标，建立制度

小组不是几个学生简单的组合，小组有明确的目标、明确的分工、明确的组织结构。如果只是把学生简单地组织在一起而不注重小组的组织建设的话，小组很难形成实际意义上的合作，从而也难以达到有效的小组合作效果。

小组合作中的制度建设主要包括对小组召集、监督、评价、奖惩等诸事宜的规定。当然，小组制度主要起到规范的作用，可以由学生协调，经历一个由简单、粗略到精细、全面的过程。但需要注意的是，小组制度可以不完备，但绝不能空白，这是培养学生社会交往能力的一个重要环节，否则，难使学生认识到规则和遵守规则的重要性。

6. 对共同活动的成效进行组内评估，寻求提供有效性的途径

在每一项活动总结评价时，教师要组织学生进行组内评价，评价分组任务完成的情况，总结成功的经验、失败的原因，让学生认识提高活动的有效途径。如有小组分组完成采访任务时，出现了多次失败，在总结评价时，小组成员总结出他们失败的原因是准备不充分，语言缺乏技巧，这样的评价过程又为全组成员提供了一次合作学习与提高的机会。

三、集体交流式

集体交流式指的是以班级整体为单位进行发表、交流的教学组织形式。班级交流是综合实践活动中重要的活动方式，个人和小组的探究活动都要进行班级发表。这种交流不仅可以是对阶段性成果和最终成果的发表，也可以是针对探究过程中学生的困惑而进行的集体讨论。

集体交流本身也是一次学习、发展的机会。在交流过程中，学生通过系统总结、展示自己所进行的探究活动，不仅能促进其逻辑思维能力的发展，也可以促进其语言表达能力、表现能力、应变能力的发展。集体交流有三种形式：个人面向全体、个人面向小组、小组面向全体。在交流时学

生可以采用多种方式，如报告、演讲、演小话剧等。在集体交流的过程中，应注意以下几个方面的问题：

1. 集体交流不仅是交流的过程，也是评价的过程

集体交流不仅给了学生一次展示自己成果的机会，更重要的是给了学生一次接受意见和建议的机会。在交流过程中，教师可以根据需要引导学生就展示的内容、形式和同学的表现展开讨论和评价。教师切不可为了鼓励学生而一味地给予肯定，对学生表现出的问题不闻不问，而失去了指导的时机。

2. 集体交流应注意时机

集体交流应在学生取得一定成果后或处于探究深入阶段时进行，此时，学生有交流的欲望和需要，希望通过交流展示成功、获得帮助，这样的交流因为有了内在的动机和需要才会取得一定的效果。如果在学生还没取得一定的成果、没有交流愿望时组织集体交流活动，就会成为一种强加给学生的形式，就难以取得一定的效果。

3. 大交流和小交流相结合

大交流指的是面向全班的交流活动，小交流指的是面向小组的交流活动。大交流组织正式、参与人员多、对学生的要求更高，因而所起到的教育作用也就更强。但是受时间的限制，大交流很难保证每个学生都有展示的机会。小交流参与人员少，有充分的时间，既能保证每个学生都有展示的机会，也适于进行深入的交流。但是受场地的限制，它可能会引起组间的相互影响，同时由于组织不正式，也可能会出现"跑题现象"。在活动的实施过程中，应根据交流内容的需要把大交流和小交流结合使用，充分利用现有资源条件。

第三节　教师指导班级活动实施的一般要求

班级活动本质上是学生自主性教育行为，活动过程是一个师生互动共同发展的过程。其中又离不开教师积极主动的参与，教师对活动的指导就是教师作为活动的组织者、参与者和指导者的具体体现。

一、营造活动环境，激发探索欲望

组织学生开展和实施班级活动，教师的首要任务，就是要为学生营造活动的必要条件。在资源短缺、硬件匮乏的当前，对教师的这一要求显得尤其重要。教师要通过多方面的努力，营造活动的环境，创造活动的条件，激发学生参与活动的积极性和探索的欲望，成为实现课程开发的第一需要。一般讲，教师创造的活动环境，又可以包括宏观和微观两个方面的内容。

宏观上的活动环境创造，主要是指活动实施的环境，其中属于政策、制度层面的内容以及学校管理层面的内容，教师大多处于无能为力的地位，只能积极建议和呼吁。然而，从主观来说，教师仍然有许多工作可做。当前在一些学校，某些教师常常仅从自己的特长和爱好出发为学生选择活动的内容。教师喜欢文，就为学生选择接近文科性质的活动；教师对科技活动有基础，就为学生安排科技活动的内容。如果没有特长时，干脆就将学生活动变成了教师所任课程的补充和延伸，殊不知长此以往，便将班级活动"窄化"了，"异化"了，便从宏观上破坏了班级活动课应有的教育功能。因此，教师要树立全面观念，从整体上实现对班级活动的把握。

从微观上讲，营造活动环境，特指对具体活动的环境建设和情境的营造，这是保证任何具体活动成功的条件。任何具体的班级活动都是在一定环境中展开的，对于已有的环境，无论是发现和利用，都属于资源开发的内容，前面的相关章节已经做了比较详细的论述。

还有一些活动，没有或学校里暂时尚不具备必要的环境，则要努力创造，如科技内容活动中的实验设备和操作材料，社会调查活动场所的联系和交通工具的筹备等都属于这种情况。至于活动情境的营造，大多属于具体的技能和指导艺术问题。因为班级活动是以"问题"为中心的探究性学习，在具体操作过程中，一般不要教师直白地将问题本身呈现给学生，更不能将教师对问题的思考强加给学生，一些有经验的教师，常常会根据学生的实际情况，设计出一些有效的办法，如激趣引入、设问引入、实物引入、案例引入等都能很好地达到激发学生探究欲望的效果。

二、辅之以方法，导之以方向

班级活动的过程是一个发掘和获得知识的过程，又是一个获得经验、体会逐渐走向人生成熟的过程。在组织学生融入自然，走进社会，探索科技，认识自我的丰富多彩的主题活动中，主动地联系实际，进行探究，学习方法，积累经验，培养素质是班级活动的基本要求。班级活动是过程学习，教师对班级活动的辅导自然就要落实在活动的过程中，落实到活动的各个环节，在活动的各个环节上对活动以适时的指导。诸如选题是否科学、适当；计划是否周密、具体；分工是否明确、合理；人力、物力、财力各种条件运用是否得当等等，自然都在教师的指导范围之内。

不同类型的活动具有不同的特点，然而无论哪一类型的活动，都无例外地涉及相关方法的学习和运用。可以讲，过程是由相关方法充斥着的，过程学习就是学会运用各种不同的科学方法获取知识和经验，并通过经历和反思形成感受和体验的过程。从学生的认知特点来看，缺乏方法、渴求方法，希望得到老师在方法上点拨和指导，是活动过程中教师遇到的最为常见的问题。所谓在活动过程中教师要努力做到"授之以渔"，道理也即在于此。因此，研究不同类型活动的特点和要求，了解各种类型的活动中涉及的各种不同方法的具体要求，以及各种方法的适用范围和操作要领，并在活动过程中对学生进行适时、适度的点拨和指导，既不包办代替，也不放任自流，始终保持活动中师生互动的良性发展，无疑是对教师更高的要求。

为了上述目标的达成，教师始终要把对活动过程和方法的指导，作为引导学生树立科学世界观的过程。引导学生了解世界是物质的，物质是运动的，运动是有规律的，规律是可以被认识的，认识是无穷的；要使学生了解人们通过观察和实验，认识我们周围的世界，并创立了各种理论。因为新的观察可以对现行的理论提出挑战，因而科学知识的变化也是不可避免的，认识任何科学知识都只具有相对的真理性；还要让学生知道尽管现有的知识都并非绝对真理，但绝大部分的知识又是耐用的，具有持久性的特点。

因而，在科学的进程中，修正概念而不是彻底地否定概念是科学的准则；此外，还应该告诉我们的学生，科学并不能为所有问题提供完整的答案。

三、调动和维持学生参与活动的积极性，关注个体差异

调动和维持学生参与活动的积极性，是贯穿于整个活动的基本的指导策略。在教师对活动实施指导过程中，不仅要教育学生具有合作的欲望或意识，还要帮助学生具备合作的能力，注意引导不同发展程度的学生都能积极投身到活动之中，使具有各种特长的学生都能各尽其才，都能得到应有的发展。

从长远考虑，从活动的教育目标出发，进行混合编组，甚至针对特长的弱项进行分工也是一种选择；又如对于组内分工，许多人选择使平时关

如何创造性地开展班级活动

系较好的两位或两位以上的学生分为同一小组，以为如此定能容易合作，任务完成则必然较为容易。殊不知如此分工，感情较好的同学分在一起，却常常会因为从情感出发，能力较强的学生为了帮助能力较弱的同学，而过分地越俎代庖，使能力较弱的同学反而得不到应有的锻炼而背离了活动的初衷。

班级活动和课内教学一样，在群体中常有强势和弱势之分，不同的是，在学科教学中，强势者多是那些平时成绩较优的所谓"好学生"，而活动中的强势者，大多情况下则是那些性格外向的争强好胜者，他们常常会成为活动中的"语言霸权"者，性格内向的学生则会沦为追随者的地位。面对这种情况，教师就要适当引导，不但要善于根据具体情况审时度势，搞好分工合作，教育学生各司其职，完成自己分内的任务，还应引导他们善于听取别人的意见，借鉴别人的经验，任何时候都要尊重他人，尊重他人的劳动成果；任何时候都不能只看到自己的优点和长处，忽视别的闪光之处，更不能用自己的长处和别人的弱点相比较，不断提高自己融入社会、融入集体的能力和自觉性。

身教胜于言教。教师在活动中的表现常会影响学生的行为，教师在活动中的身先士卒的表率作用具有极大的教育功能。教师始终能以合作者和参加者的姿态，从关注学生个体差异，满足个体发展和需要出发，始终以饱满的热情投入活动；在活动的各个阶段，都能从当时的实际出发，多方面地与学生进行沟通和交流，了解学生在活动中可能出现的问题，并根据实际需要施以有效的指导；任何时候都不自以为是，脱离学生实际盲目指挥，无论在何种情况下，对所有学生都要一视同仁，绝不能有冷落、压制、鄙视、讽刺等错误举止。教师在活动中所有这些情感、态度、价值观方面的表现，对学生成长和发展无疑会产生巨大的影响。

四、推动积极评价，促进学生全面发展

评价是教育的导向，对受教育者具有"指挥棒"的作用。为促进学生的全面发展，教师在实施班级活动进程中，充分发挥评价的导向功能，自

然十分重要。

好孩子是教育出来的，是培养出来的。赞扬和鼓励当然是对的，适当地对学生给予夸奖，也是可以的，但这只是教育的一个方面，是培养的一种手段，远非教育评价的全部内容。有效的教育，是教育全部手段的综合，包括对受教育者从爱出发进行批评和惩戒的方法的运用。基于这样的认识，我们认为，无论在哪一个活动环节上的评价，首先都要中肯，要公正。中肯生情，公正生威。要使学生体会到教师的评价入情入理，使自己能够从中得到启发和教益，从而获得成长的营养。教师的评价对所有学生没有亲疏贵贱的区别，真正做到公正廉明，任何时候都能平和理智，自然会产生评价的权威，只有这样的评价才是积极的评价，才能产生评价的教育功能。

评价要力求全面。班级活动从其性质讲，是发现新事物，获取新认识的过程。在发现新事物的过程中，表扬和鼓励常常是重要的，是评价的重要方式。与学科教学不同，如何对待失败，如何对待活动中可能出现的警示或惩戒，便会成为教师指导中经常会遇到的问题，在活动指导中正确地引导学生面对可能的失败，善于从失败的辛酸苦辣中汲取营养，吸取教训，变坏事为好事，也是评价过程中需要特别关注的。

评价要有重点，要重点围绕学生发展这个核心进行。无论哪一种类型的活动，也无论哪一项具体的活动，都有特定的目标和适宜的教育功能，评价不宜过分"泛化"，要结合活动的具体情境进行评价。活动评价要切忌任意拔高，杜绝泛泛而论，更不能任意"忽悠"。需知，那样一种所谓评价，对学生发展是有百害而无一利的。

评价实际上也是一把双刃剑，教育的时机应以有效、有益为原则。这里的关键是教师的能力和水平，为了做好活动实施过程中的评价工作，教师首先要对活动进行深入的研究，不仅对活动的目标、步骤、内容、要求搞得清清楚楚，还要对每一活动的具体的科学性问题，活动关键环节的技术性要求等都要做到心中有数，这样对学生的活动点评起来才能条理清晰，重点明确，问题的分析鞭辟入里，是非清楚，起到以评价促发展的目的。

第四节　教师指导班级活动实施的具体方法

根据班级活动实施的过程，教师指导主要表现为主题确立、主题探究、总结发表各个阶段的指导。

一、主题选择阶段的指导

1. 指导学生确定主题

活动主题的选择应与儿童生理、心理协调，具有新奇性、启发性、趣味性和实践性，使学生感到自由、民主和宽松，有一定的难度和可接受性。同时又体现了一定的教育思想观点。教师可适当提供一些学生感兴趣的事物或关注的焦点问题，也可让学生自主选择主题。如学生已经从新闻媒体或周边看到了关于火灾的报道，教师由此引导学生思考：我们生活在经济文化发达的大都市，为何火灾却不断发生呢？学生讨论后自己拟定主题：调查我们社区的消防。从生活中亟待解决的问题出发，学生对此很感兴趣，激发了调查的动机。

案例

"我为学校做广告"主题由来

下周又要开例行的主题班会了，主题还没有确定，于是我提议学生自己去发现寻找，看谁的提议最可行、最有意义。学生们各抒己见，众说纷纭，可谓五花八门，互相争执不下，一时间，我也不知该采纳谁的意见为好，也觉得他们找出的有些东西似乎离我们比较远，我陷入困惑中。有几天批阅学生日记，发现好几个学生都关注到这样一个问题：招生，生源。我心存欣喜，这几个孩子提议的这些问题与我们学校近段的一年级新生招生关系密切，原来孩子的眼睛也注意到了身边存在的事情，他们也有了自己的发现。

（1）关注热点，萌生主题

我当时偶发灵感，想："如果以招生工作突破口，让学生为学校做宣传做广告，既激发学生爱校，又培养他们的表达能力。开发思维，还能真正解决实际问题。"可我当时心里没有底，除了日记中的这三位同学，其余同学是否也关注到这一热点呢？我试着把日记在班上读了一遍，想看看同学们有什么反应，没想到马上就有很多同学立刻有感而发地说出了他们的心里话。王明说："在小白鸽城管队授牌仪式上，粗心的校外辅导员师叔叔说请二甲、二乙、一甲、一乙班的同学上台来。我当时就偷偷笑了，一年级只有一个班，哪来的一乙班呢？看师叔叔怎么下台！看了老师给我们展示的日记后我就想：我们学校五、六年级各有甲、乙、丙三个班，二至四年级各有甲、乙两个班，到一年级就只有一个班了。"张一说："我觉得一年级没有平行班真不好，搞个集体竞赛连对手都没有。"刘燕说："我调查过了，我们的教学楼空着的教室还有六间。"钱峰说："我的表妹幼儿园大班毕业了，全家人都在商讨着她该上哪一所小学，我真希望她和我做校友！"……这么多的同学都看到了学校现状！

接下来孩子们不由自主地讨论起为什么生源不足，竟找出各种不同的原因来。听着学生们这些分析，我情不自禁想：孩子们的确有一双锐利的眼睛，他们正试着挖掘生活的点滴，这一切都让我觉得我们有必要做做广告。

（2）思考对策，提炼主题

我于是马上组织同学思考对策，引导学生从正面审视学校，同学们一致认为我们学校确实是很不错。"我觉得我们学校校园环境特棒，八个大花坛四季芬芳。""我最喜欢学校的电脑室、音乐室、美术室、少先队室、图书室。""我特喜欢参加学校的各项活动、比赛，每年都有很多很多同学获奖。""我姐姐毕业了还说她非常怀念母校。""我认为我们学校的老师是一流的，刘老师像歌唱家，李老师的科技辅导全国获一等奖，何老师是奥数专家，龙老师辅导作文顶呱呱……"我聆听着他们的发言，发现孩子们只看见了学校的优势，并没有看到学校需要改进的地方。于是我又引导他们给学校提意见，看学校怎样变才会更好，才会更吸引人。在一阵七嘴八舌之后，各有各的说法，个个都很有道理。

（3）明确意义，论证主题

大家一致通过了"我为学校做广告"这一主题。可过了一会儿孩子们又在犯嘀咕：这个活动主题定得有没有意义呢？他们问我，我想这可是主题升华的好机会，于是又趁势导引引他们讨论。

于是2003年5月至7月的综合实践活动"我为学校做广告"的主题就这么确定下来了，学生都说他们喜欢这个主题，原因是这一主题他们自己感兴趣也是比较容易操作，甚至有同学说这是为我们学校量身定做的。他们表态会努力去做好这次广告。

2. 指导学生寻找主题研究的切入点

活动大主题确定后，如何引导学生找到研究的切入点，确定小主题，教师也要提供相应的指导。如，教师可提供一些小主题给学生，帮助学生打开思维的闸门，启发他们从自身问题出发、从生活经验出发，确定小主题。

案例

在"了解家乡的人文环境"主题活动确定后，教师为了帮助同学们深入研究，结合当地的社区资源环境特点，特提供多个围绕"了解家乡的人文环境"的子主题，引导学生从不同侧面入手开展研究。

（1）自然风景

了解禾羊山和秀峰山的特点及有关传说。

了解这两座山的旅游发展规划并展望美好未来。

（2）历史文物

了解宝塔和古墓两处文物的历史及现状。

了解文物保护的有关规定。

（3）地方风俗

了解传统节日的风俗习惯及婚丧礼仪。

从民俗风情中学习一些传统文化和民族精神。

（4）生活习惯

从吃、穿、住、用等方面了解家乡人的生活习惯。

从人们的生活发展变化中懂得珍惜生活。

（5）宗教信仰

了解家乡人所信宗教及一些寺院的状况。

正确认识人们的信仰行为及意义。

（6）语言特点

了解本地方言与普通话的区别，总结方言的一些规律。

正确认识热爱乡音与推广普通话的关系。

（7）娱乐活动

了解具有代表性的几项传统娱乐活动及富有现代气息的娱乐场所。

正确认识现代娱乐场所的意义。

二、活动策划阶段的指导

当活动主题确定以后，活动进入策划阶段，在活动策划阶段教师如何进行指导呢？

1. 指导学生按兴趣分组

当活动主题确定以后，围绕活动主题，学生可从不同的角度进行研究。这样，教师可引导对同一问题感兴趣的学生分在一个小组。以"了解家乡传统历史文化"这一主题为例，学生可从如下问题入手，选择主题开展活动："家乡的一些著名风景"、"家乡人的生活习惯"、"家乡方言的特点"、"家乡的一些古迹"、"家乡的风俗习惯"、"家乡人的娱乐活动"、"家乡的寺庙"、"家乡的房屋建筑特点"、"家乡的特产"、"家乡的开发建设情况"。主题选择好后，对同一主题感兴趣的学生自然分在一个小组。

2. 指导学生做好自主策划

分组完成以后，教师要指导学生自主策划活动的方案和过程，从原则、目标、方法等多方面进行把关，但是又不能越俎代庖，要充分尊重学生的自主性。

3. 指导学生进行组与组之间的活动策划交流活动

学生小组做好活动策划后，教师要及时组织学生对活动策划情况进行交流。以便学生从其他小组受到启发，不断完善自己小组的策划。

三、活动实施过程中的指导

活动实施过程中，不仅要求学生自主参与活动，同时，教师也要有参与活动的意识。因此，在活动实施之前，教师一定要明确自身与学生的角色定位。在活动中，教师不能采取"安排式"，即所有活动过程都进行统一的安排，这样，框束了学生的思维，教师处在"教活动"的位置，这样导致的结果是学生对教师权威的盲从，学生主体性的丧失。

有位教师在班级活动课程实施过程中，总结了教师指导的"三放、三心"原则。三放：放手让学生自主选择主题，放手让学生自主选择活动方式，放手让每位学生进行自我表现。三心即用心观察学生的一举一动，耐心参与学生讨论，开心与学生一起活动。那么，活动实施过程中的教师指导要从哪些方面入手呢？

1. 指导学生记录活动过程中的过程和方法、体验与反思

在班级活动课实施的过程中，学生以主题活动为载体，在活动实施过程中进行探究学习、体验学习、合作学习，在此过程中掌握多样的知识技能，如，综合性知识、经验性知识、方法性知识，感受丰富的情感体验。期间，教师要指导学生随时将开展活动过程中主题的由来、活动方式、过程中解决问题的方法、活动过程中的体验、反思、收获等情况记录下来。

案例

邮票小组活动方案

（1）选举组长

（2）选择组员

（3）活动方案

①了解邮票发源于哪个国家？发明者是谁？

②知道邮票的种类后，进行集邮活动，从中学到更多的邮票知识。（如区分邮票的价值等。）

③欣赏邮票的图案。

④进行市场调查活动。

⑤从上面的活动中，了解邮票在近代的发展变化。

⑥每人完成各自的分工后，完成一篇感想。

（4）实施计划：

①到书店或网上查找有关邮票的知识。

②到了解邮票的亲朋好友家向他询问有关知识或在商店里向店主询问。

③从美学的角度去了解怎样欣赏邮票的图案。

④整理资料。

（5）活动时间：2002/10/13～2002/12

（6）活动地点：文物一条街

（7）注意事项：活动期间注意文明道德，时刻记住自己是个少先队员。

（8）活动小结。

2. 教给学生一些方法性知识

要使学生通过活动过程的体验，必须让学生初步了解活动方法本身，因此，在学生活动的全过程中，有必要针对学生活动的具体任务，渗透关于问题解决的基本方法的专题讲座，如要让学生进行调查，就应使学生初步了解调查的基本过程、学习设计与制订简要的调查问卷或访谈提纲。

实践活动过程中的参观、调查、采访或学习记录的一般格式则可以是：活动主题、活动时间、地点、对象、调查项目、实况记载、结果分析；另外如调查报告、倡议书、新闻稿的撰写可用仿写的方法来学习；活动总结形式则可因人而异，但要求观点鲜明、得失兼顾。各种文件的撰写不一定要求全面、完美，重在通过写作练习，掌握一定的写作技巧，学会沟通观念、表达观念。

又如，学生能够学会利用多种方式收集整理资料信息，能写计划、产品说明书、合同、协议书、标书等一般公文。否则，无计划、无目的的调查往往会降低学生在活动过程中深度体验的价值。当然，专题讲座仅仅是辅助性的，活动的实施不能以教师讲解为主，而应以学生的活动为主，方法论讲座或关于活动主题的知识讲座也不应追求学科化的系统性。教师要提供一些方法性知识。

3. 指导学生收集资料

班级活动课的实施是学生从生活中发现的问题入手，通过多种方式收集有关信息资料，运用调查、访问、实验、设计等活动方式，最后在对资料进行分析、比较、研究的基础上解决学生提出的问题。资料收集的途径很多，如看书、阅报、上网、看电视、听广播、实地考察、观测、调查采访等。这些途径所获得的资料是各有千秋，选择哪种应由主题的相关内容

第四章 班级活动的实施策略

而定。活动前的资料一般是通过看书、上网、阅报所得，活动过程中主要是经过自己的观察、调查、访问所得。在开始进行班级活动时有必要简单向学生介绍这些知识，为学生指明方向。

（1）文献资料查找

查找文献资料是班级活动实施过程中的重要方法，文献资料按信息加工的程度可分为三类，分别是一次文献、二次文献、三次文献。一次文献包括图书、期刊、会议文献、学位论文、专利文献、政府出版物、产品样本、科技报告、标准文献、档案等。二次文献即书目、索引和检索性文摘等。三次文献主要是一些综述和述评类的文献，是作者经过对一次文献的整理后得到的包含自己观点在内的文献资料。

虽然研究的方法很多，查找文献资料是每个主题都要做的工作，也是开展课题探究活动经常用到的资料查找的方法。查找资料，有必要对资料进行记录、整理，教师要引导学生选择那些必须记住的信息，要使用自己的语言概括，要制订一种便于自己查找的检索方法，还要标明资料的出处。记录的方法有多种，下面几种方法是比较行之有效的方法。

摘录——摘抄主要的观点、数据、时间、地点。

提要——用自己的语言忠实地概括已查阅过的文献资料。

札记——随时记录自己的看法、心得体会。

综述——将资料分门别类，用自己的语言把它串起来。

（2）网络资料的查找

随着网络的普及，部分学生家里有电脑，没电脑的也可利用学校电脑或网吧上网查询有关资料。但不少学生不知用电脑如何查到要找的资料。老师可教给学生一些基本的检索方法，上网查找相关资料。

（3）调查访问信息资料的获得

在活动中，通过文献、网络收集信息的方法固然重要，但关键是学生能在亲历与实践中获得信息，其中，调查、访问活动是获得信息的重要途径。运用调查访问方式获得信息，首先要明确自己需要哪方面的信息，如指导学生写好采访提纲。同时，要将获得的信息随时记录下来，如指导学生做好采访记录。

如何创造性地开展班级活动

4. 指导学生用多种方式呈现资料

班级活动实施过程中，教师指导学生收集资料之时，要引导学生通过多种呈现方式收集资料。如有位教师在开展《民族园》主题活动中，其中一个内容是调查采访民俗村的少数民族，要求学习自编一个节目（民族歌、舞、小品等），自制一件民族工艺品，自制一份表格，自创一份导游解说词，包括各民族分布地点、人数、服饰、风俗、特产等。这项活动中，教师引导学生开展了创造性阅读、倾听，激发探索民族变化、综合实践活动的历史渊源和现状，并将所搜集到的信息、图片等进行归纳、重组，将表格和图文并茂的各民族说词汇编成册，取名《民族园》。

5. 指导学生分析整理资料

学生收集大量的资料后，教师还要指导学生对收集的资料进行整理加工、分析比较、归纳、推断。分析整理资料一般分为六个阶段。

第一阶段：读、定、剔，读懂已收集到的资料。根据课题，决定相关资料是否有用，剔除无关的资料。

第二阶段：分类。分类即分析事物的不同方面。横向，按事物相互并存的部分和要素，如人物、事件、现象、主题等；纵向，按事物发展的阶段、环节和顺序。在活动中，学生搜集到的资料无论是内容还是呈现形式都是丰富多彩的。首先是指导学生按资料的呈现形式将资料归类、保存，如图片、文字、录音、录像、实物等。然后准备卡片，分类标明内容。再是每一大类下面分小类，并在卡片上简单注明。

第三阶段：比较。比较各种观点、研究方法、背景、原因、解决问题的方法等方面的异同，以便打开自己的思路。

第四阶段：分析。将收集的资料从特性、因果、层次、数量、关系等方面进行分析，发现事物的联系。

6. 指导学生深入研究、拓展活动

蒙台梭利认为：观察应是教师必备的素质，在班级活动中，要求教师在活动过程中应是一位出色的观察者。

指导学生深入研究、拓展活动，首先，教师要善于观察周围的生活，捕捉信息。教师在学生开展活动的每个环节都要进行观察，善于捕捉信息。主题选择需要观察，活动实施过程中需要观察。如，有位教师在指导学生开展"城管叔叔，我也行！"主题活动时，教师发现学生进展缓慢，学生积极性不高。于是，教师开始观察学生活动的小组活动情况，通过分析，得出结论：造成学生活动进展慢、积极性不高的原因是社会力量、家庭力量没有很好的调动起来。于是，教师进行策划，成立了家长领导小组、社区协调小组，并聘请了城管队员作为学生活动的指导教师，帮助学生解决活动中遇到的困难。这样，学生又很积极地投入到活动中去。

7. 指导学生运用多种活动方式开展活动

班级活动的实施，倡导学习活动方式的多样化，在活动过程中，要尽可能地引导学生采取多种多样的活动方式开展活动。在主题活动实施过程中，要求每一个活动尽可能采取考察调查活动、观察活动、设计活动、实验活动，从而，通过多样化的活动方式，达到各要素之间的整合。

四、活动总结阶段的教师指导

当一个班级活动主题结束后，进入总结交流阶段。在这一阶段中，教师的指导主要从以下几方面进行。

1. 指导学生整理成果

在此阶段，教师重点指导学生对活动过程中的资料进行筛选、整理，形成结论，指导学生撰写活动报告，并进行不同方式的表达和交流。

2. 指导学生对活动进行总结反思

在总结交流阶段，教师要引导学生着重对活动过程中的体验、认识和收获进行总结和反思。在小组活动过后，召开了全班的汇报交流会。这

如何创造性地开展班级活动

时，各小组都做好充分的准备，都想施展自己的聪明才智，以新颖、独特的形式展示小组活动的成果。

3. 组织指导学生进行成果交流

根据课时计划，在课题完成后，指导教师要组织与指导学生进行成果交流，邀请专家组成员进入现场进行成果评定。学校教务处可在此基础上，选择若干典型，组织全校性的课题研究成果汇报会和成果展览活动。汇报会在条件许可的情况下，最好要求学生能应用投影或多媒体等现代教育技术手段展示其研究过程和成果。成果展览则统一要求成文或打印、精心编排、图文与实物并茂，使之可视性强。汇报会和成果展览不仅应办成课题研究成果展示会，而且要体现学校的办学特色以及学生的良好素质。每个年度教务处需将部分优秀成果整理、编辑成册，以便进一步加强交流，扩大成果的影响和激励作用。

4. 指导学生从分析中得出结论

结论将会有三个方面：第一个方面是以科学概念命题或命题系统的形式进入认知体系，即所研究的成果将成为一般基础知识归入知识体系之中；第二个方面是以具体对策与建议的形式作用于社会现实，即将为社会提出你的积极性的建议或为决策机构提供可以参考的资料；最后一个方面是你的结果将成为下一次调查研究的经验认识与理论认识的基础，即成为重复或修整第一次调查研究工作的依据。在这一阶段，教师必须指导学生撰写总结报告，将所有结论展现给别人，报告应清晰、简明，并充分体现出自己的观点。

案例

"茶文化研究"教师总结活动设计

（1）总结交流活动之一：

经过一段时间的活动，你一定了解了不少茶文化知识，使用了许多收集资料的方法，同时也获得了形式多样的成果。现在就把你手中已掌握的资料与你的同伴共享，大家坐在一起交流交流。

当然除了收集资料，整理资料也是另一个重要的过程。把零散的资料按类型罗列整理，也是很有意义的。你能试着将收集的资料分类管理吗？无论是文字、数据、图片、照片，还是其他形式的。开始归类吧！

（2）总结交流活动之二：

在进行了前面多种调查活动后，相信你对家乡茶文化已有了深切的体会，能不能开一个交流会，与同学们一道来侃侃家乡茶文化的特点，与其他地区的茶文化比较比较，看看有何区别。可以从产茶的种类、茶的特点、茶的加工方法、人们的饮茶习惯、茶具的选择、茶道茶艺等方面来进行区别，试着通过比较来得出你们的结论，以求更深层次地把握家乡茶文化的精神内涵。

（3）总结交流活动之三：

自我评价

①在小组活动中，我主要做了哪些工作？我的贡献情况如何？

②我做得最好的是哪个方面？

③我还有哪些地方做得很不够，在下次活动中必须改进？

④在活动中有哪些困难是我未能预料到的，这些困难产生的原因是什么，以后应该如何克服？

⑤在活动过程中，有哪些同学做得比我好，值得我学习借鉴。

小组成员评价

指导者评价

（4）总结交流活动之四：

在各项探讨"茶文化"的活动纷纷落下帷幕时，你是否有些许欣喜，些许失落，些许兴奋，些许惆怅。把这些难得的心灵深处的独白写下来吧！

第五章　班级活动要有效利用评价

　　班级活动评价是通过系统地搜集、分析班级活动中的各种信息，对目标设计、内容选择、实施过程和最后结果进行的价值判断。其实质是判断活动价值，改进活动实践，促进整体发展。班级活动评价是保障班级活动持续进行的关键环节和重要依据，是前一活动的相对终结和下一活动的起点。班主任创造性地开展班级活动，必须有效实施和妥善利用评价。

第一节　班级活动评价的任务与目标

　　班级活动评价是在一定的目的指引之下进行的，而目的的实现必须通过明确的任务。任务完成的质量取决于是否具有明确操作价值的内容和活动。只有清晰、明确的目标之下的高质量地完成任务和落实内容，才能真正促进儿童身心的发展。而这一切有赖于班级活动评价作用的发挥。

一、班级活动评价的任务

1. 坚持以人的可持续发展为评价的根本目的

　　课程评价的价值取向是指课程评价所依据的特定的价值观，这种价值观支配或决定着评价的具体方法和手段。一般讲来，课程评价的价值取向大致可分为三种情况：目标取向评价、过程取向评价和主体取向评价。班级活动课程评价的价值取向侧重于主体取向评价，主张以促进人的可持续发展作为评价的根本目的。

　　它强调把教师与学生从课程开发实施、教学运行的全过程都纳入评价的范围；强调评价者与具体评价情境的交互作用，把人在课程开发、实施及教学运行过程中的具体表现都作为评价的主要内容，视课程评价为评价者与被评价者、教师与学生共同建构意义学习的过程。

　　评价的目的，不是刻意地为了批判什么，揭露什么或否定什么。相反的，是为了促进活动主体在情感交流、态度反思和方法总结中，认识自身和他人哪些做得好，哪些情感和态度是积极可取的，哪些方法是适宜有效的，哪些方面需要怎样改进才能更加有利于发展等等。一句话，评价就是为了促进活动主体价值的质性升华与发展。

2. 强调质性评价，定性与定量相结合，实现评价方法的多样化

量化评价方法曾经被认为是一种具有客观性、科学性的评价方法，在世界范围内广泛流行了很长一段时期。无可置疑，量化方法确实具有精确性的特点，可以减少人的主观推论，而且能够用现代科学技术所提供的统计工具加以处理。

然而，随着评价内容越来越综合化，以量化的方式描述人或事物的发展状况时，则常常会表现出某种僵化、简单化和表面化的趋势，人和事物发展的生动活泼和丰富多彩，特别是作为评价主体的教师、学生的个性特点，他们的努力和进步常常会被抹杀在一组组抽象的数据之中，以至忽略了教育中最有意义、最为本质的东西。

近些年来，人们把许多流行的评价方法加以整合，形成了以档案袋评定法和苏格拉底式研讨评定法融合的班级活动课程的质性评价，这种评价可以比较全面、深入、真实地再现评价对象的特点和发展趋势。

需要强调的是，班级活动课程并不排斥量化评价，更不是一定要取消分数。科学地讲，分数和等级一样，本身并无什么问题，问题出在人们以分数论分数、以分取人的单维评价的思维模式。

在班级活动课程评价中，分数或等级的确定，不是评价的最终目的。相反的，这些分数或等级是评价者和被评价者认识活动主体自身发展轨迹的一种手段，即是活动主体自我发展时用作参考的依据。透过这些分数或等级，活动主体可以发现自身活动过程的各种质性表现以及今后应当努力的方向。

3. 尊重差异，关注学生个性发展，提升活动评价的发展性功能

第五章 班级活动要有效利用评价

在我国传统的教育体制中，教育评价过分地注重甄别与选拔，一度使我国教育几乎陷入"精英教育"的怪圈，忽视了基础教育的公众性、社会性，扼制了学生个体的创造性，使教育评价成了为筛选出少数学习优秀的学生，能继续接受更好教育的工具，导致接受评价的大部分学生都成为学业上的失败者，催化了两极分化的不断扩大。这种评价模式，与当前的班级活动课程的教育目标是格格不入的。

以激励和发展为基本诉求的班级活动评价，目的不是对学生进行优劣排队，而是通过评价发现学生的差异性和发展的可能性，从而促成优化活动策略的生成，更有效地激励学生个性化的发展。

班级活动课程评价讲究的是，让每一个学生，每一个群体，都能通过评价深刻体验"我能行，我也不差；没有最好，只有更好；我也会成功！"的喜悦。尊重差异，关注个性发展，注重发展性功能为特点的活动课程评价，要充分运用反馈调节、展示激励、反思总结、成长记录、积极导向等手段在实现班级活动课程自身不断发展和完善的同时，努力促进国民综合素养的整体提升。

4. 淡化继承性知识技能的掌握评定，凸显学生综合素质发展水平的判断

从课程性质看，学校课程体系中的课程可分为两大类：学科课程和活动课程。从国家教育部为各学科课程制订的三维目标——知识与技能，过程与方法，情感、态度、价值观的顺序中可以看出，知识与技能仍然排在首要位置。显然，学科课程评价，对学生掌握知识及技能的判定，虽然不是唯一的，但仍然是一项不可动摇的主要内容，构成了学生学业的基础。

而对于活动课程来说，课程的总目标是"获得亲身参与实践的积极体验和丰富经验；形成对自然、社会、自我之间内在联系的整体认识，发展对自然的关爱和对社会、对自我的责任感；形成从自己周边生活中主动地发现问题并独立地解决问题的态度和能力；发展实践能力，发展对知识的综合运用和创新能力；养成合作、分享、积极进取等良好的个性品质"。

其三维目标强调了对情感、态度、价值观和过程与方法的要求。淡化继承性学科知识技能掌握评定，凸显学生综合素质发展水平的判断，是与班级活动课程目标的重点和课程特点相吻合的。

应当指出的是，班级活动课程并不是不要知识与技能。相反的，班级活动对知识与技能的要求比之学科性课程还要高。这是因为，班级活动课程中的知识与技能已经不是单纯意义上的学科性的知识与技能，而是高度综合的多学科的知识与技能，它要求学生的并不是能够熟练记诵学过的学科知识与简单地了解相应的技能，而是要求学生能够在活动中主动、灵活地运用这些知识与技能解决问题。

实际上，对学生运用学科知识与技能水平的评价是班级活动课程评价体系中不可或缺的要素之一，只不过评价不是看重学生掌握了多少具体的知识与技能，而主要是评价学生在活动过程中是否会正确地运用所学知识与技能于探究过程，是否会自主地生成新的知识与技能。

5. 注重过程，终结性评价与形成性评价相结合，实现课程评价重心的转移

传统的评价关注结果甚过过程，往往只要求学生提供问题的答案，而对学生是如何获得这些答案的却漠不关心。这样，学生获得答案时的思考与推理、假设与猜想、方案设计与实验论证、体验与感受等，都被摈弃在评价的视野之外。久而久之，这种评价就会导致学生或教师，乃至学校等教育行政部门都只重结果，不看过程。长此以往，就不可能促使学生注重科学探究的过程、培养科学探究的习惯和严谨的科学态度，不利于他们深入实践、深刻体验以及良好世界观、价值观的形成，甚至会抑制其解决问题的灵活性和创造性的发挥。

班级活动课程是一门实践性课程，问题探究和主题设计是课程的主要内容和基本形式，如果继续把终结性评价作为课程评价的唯一要求，势必会削弱活动的教育功能，必将为那些把课程改革形式化、擅长做表面文章的思想和行为培植滋生与蔓延的土壤。因此，要真真实实地实施活动课程改革，就必须注重学生学习过程，把终结性评价与形成性评价结合起来，

实现课程评价重心向过程与方法、态度与情感价值观的转移。

二、班级活动评价的目标

班级活动着眼于转变学生的学习方式，培养创新精神和实践能力，其目标指向主要有如下几个方面值得我们关注。

1. 亲身参与实践的体验

班级活动强调学生亲历与实践，其活动过程也是情感活动过程，在活动中获得亲身体验、产生积极情感，激发探索和创新精神。与此同时，学生要在学习过程中学会合作，在合作中协调人际关系，处理好个人与集体的关系，在合作中体验、分享合作的乐趣。

2. 收集分析利用信息能力

班级活动的实施通常围绕一个需要解决的实际问题展开，但这一问题的解决所需各种数据资料、事实事例，都靠学生自己去寻找、查阅、选择、摘录和分析。收集和分析利用信息的能力对于学生而言，是必备的能力。

3. 发现问题和解决问题的能力

班级活动重视学生从对生活的观察与思考中发现问题并通过实践，积极探究，寻找解决问题的途径，从而培养学生发现解决问题的能力。包括：发现并确定探究的项目；提出探究的设想并自主开展探究活动；获得探究的结论，对事物的发展做出预测。

4. 科学的态度和科学的道德

创新精神的培养只有同科学态度、科学道德的培养统一起来，才会真正形成对社会、对个人发展有价值的结果。学生在课题探究过程中，从实际出发，通过认真踏实的探究，实事求是地获得结论，懂得尊重他人的成果。同时，不断追求的进取精神、严谨的科学态度，克服困难的意志品质等，也将在班级活动过程中得到锻炼和发展。

5．对社会的责任心和使命感

学生在活动中，不仅要提高自己的创造性和认知能力，而且还要学会关心社会的进步、祖国的前途、人类的命运、经济的发展、环境的保护，争取使自己的精神境界得到升华。学生通过某些社会问题和政治问题的自主探究，有助于树立正确的人生观与世界观，形成辩证唯物主义和历史唯物主义的方法论，学会如何为人处事，将国家的前途、民族的命运、个人的奋斗紧紧结合在一起，树立民族昌盛，国家发展的积极信仰。

6．合作与社会交往能力

社会交往能力是社会交往的过程形成和发展起来的，较之其他课程，班级活动为学生交往提供充分的机会和丰富的社会实践环境，活动实施过程中，师生之间、生生之间、师生与其他社会成员之间的交流机会较多，学生逐步学会与人沟通、合作的技巧，交往能力也随之提高。因此，学生与人交往、合作的能力与技巧要纳入评价的范畴。

7．认知基础与方法

班级活动并非不注重知识与方法目标，但它更强调知识的综合性、创新性、广博性，班级活动淡化知识的分割，淡化学科间的界限，以任务为中心，将知识学习融于完成任务的过程中。

第二节　班级活动评价的内容

班级活动评价的内容也就是要"评价什么",从哪些方面进行评价。内容受制于目标,有什么样的评价目标,就应有为促进此目标的实现而设计的相应内容。因此,根据评价目标,班级活动评价内容可分为三大块:对学生的评价、对教师的评价、对班级建设的评价。

一、对学生的评价

班级活动中的学生发展评价包含较多的内容,可以从不同的角度对之进行分析:可以根据活动的过程进行评价,也可以按评价主体的不同展开评价,还可以根据不同的活动内容进行评价。具体采用何种方式,应根据实际,综合考虑。

1. 按班级活动的过程开展评价

按活动的过程开展评价指的是依据班级活动进展的顺序进行有针对性的评价,可以分为活动准备评价、活动实施评价和活动总结评价三个部分。

(1)活动准备评价。这一部分的评价包括问题的产生、主题的确立和计划的制订,具体有:学生问题意识、问题的价值与创造性、目标的拟定、分工与合作情况和方案的合理性等。

（2）活动实施评价。这一部分评价的主要内容有：资料的收集与整理情况、各种方法的运用情况、个人在活动中的参与情况、与他人的合作情况，以及创新意识等方面。

（3）活动总结评价。这一部分评价涵盖的方面主要有：活动目标的实现情况、活动取得成果的情况、成果展示的方式以及感悟与体会等。

案例

学生评价表

活动阶段	评价内容	等级		
		A	B	C
问题产生	留心观察生活，对生活有好奇心			
	爱动脑筋，能对生活中的现象提出自己的看法			
主题确立	问题来源于生活及学习			
	能对问题进行归类，确定主题			
	主题具有一定的创新性			
计划制订	活动目标明确、具体			
	制订的行动方案切实可行			
	人员分工合理			
活动展开	主动收集资料			
	运用自己的经验分析问题			
	总结活动得失			
	虚心听取他人建议			
	及时整理活动成果			

续表

活动阶段	评价内容	等级		
		A	B	C
展示交流	活动目标的实现情况			
	展示内容的丰富、真实			
	展示形式的多样与创意			

以上内容分类并不是固定不变的，不同的活动可以视情况在这些内容的基础上进行细化或者重新分类。

2. 按评价主体的不同开展评价

班级活动中的学生评价还可以按评价主体的不同来进行。站在不同角度的评价者的评价，可以帮助学生综合认识自己在活动中的表现，及时发现自己的长处和不足。

（1）自我反思与评价。主要是引导学生回顾班级活动的全过程，并对自己的表现进行反思与评价，包括活动中遇到的困难和问题、收获和感悟、以后努力的方向，以及收集整理资料的情况、合作的情况、各种方法的运用情况、创新意识等。

（2）同伴评价。主要是从合作伙伴的角度对同学进行评价，包括同学在活动中的表现、态度和探究能力等方面。

（3）教师评价。在学生自我反思和其他同学评价的基础上，教师可以对学生在班级活动中的表现做出整体的评价，比如活动准备阶段的表现、分工与合作、活动方法的选择与运用、活动成果的取得和创新能力等方面。

（4）家长、社会人士与专家学者的评价。家长评价是为了能使家长参与到学生的活动中来，关注学生的实际表现和变化，配合、支持学生的活动和学校的教育教学。社会人士与专家学者的评价主要是为了使这一部分人参与班级活动，对班级和学生发展提出建设性的意见，并提供一种社会性的支持与指导。

案例

评价表——我的反思

项目	内容
在活动中遇到的最大困难	
对活动成果的满意程度及原因	
改进的方向	
活动中最深的感受	
本次活动的收获	
对指导老师说的话	
其他	

自我评价表

评价内容	评价等级				
	1	2	3	4	5
参与活动的积极性					
对于活动主题能否提出自己的想法或者建议					
活动中能否与他人积极合作					
是否能同他人分享活动成果					
能否在活动中帮助他人解决问题					
活动计划是否合理					
能够根据实际情况不断调整计划					
对自己收集的资料是否满意					

第五章 班级活动要有效利用评价

续表

评价内容	评价等级				
	1	2	3	4	5
在活动中能否综合运用学科知识					
遇到困难能否想办法解决					
对自己的活动成果是否满意					

注：本表评价等级中，1为最低等级，5为最高等级，从1到5依次递进。

教师评价表

项目	内容
在活动主题确定阶段的表现	
在分工和合作方面的表现	
方法与手段的选择	
活动成果情况	
独创性的表现	
其他	
建议	

家长评价与意见表

项目	意见
是否支持孩子参加此次活动	
对本次活动的建议	

续表

项目	意见
孩子参加活动后是否有变化	
其他	

同学评价表

项目	内容
在活动中是否提出建议	
对待别人意见的态度	
探究能力如何	
其他	

3. 按活动内容的不同开展评价

班级活动评价可以针对不同的活动内容进行有针对性的评价，如对小组活动进行评价，对调查活动、社区服务活动进行评价等。

案例

学生社区服务活动评价表

小组成员姓名	
活动主题	
组内分工	
指导老师姓名	

续表

活动目的	
社区名称	
服务形式	
服务对象	
服务过程简要记录	
服务成效	
其他	

二、对教师的评价

班级活动中的教师评价既可以通过不同主体对教师进行整体评价，也可以就某些方面对教师进行定量评价，还可以对教师在活动中的表现进行质的评价。

1. 不同主体对教师进行的评价

可以由不同的主体对教师进行评价，包括教师的自评、学生的评价、家长的评价、同事的评价、领导的评价以及社会人士的评价等。通过来自不同主体的评价，可以帮助教师对自己的工作进行全面的回顾和深刻的反思，增进和学生、同事、领导、家长和社会人士等的交流与沟通，使教师获得来自不同方面的看法和支持，获得信心，明确以后改进工作的方向。

案例

教师评价表

项目	内容
自我评价	
学生的评价	
家长的评价	
同事的评价	
学校领导的评价	
其他	

2. 按照活动进程对教师进行的评价

对教师的评价可以按照活动的进程进行，包括活动前的设计与准备、活动过程中的组织与指导、活动结束后的总结与思考等，以反映教师在班级活动实施中的综合表现和整体情况。

案例

教师评价表

项目	一级标准	二级标准	评价等级		
			A	B	C
目的内容	目标明确	符合培养情感态度、综合知识、实践技能、学习策略的目标要求			
	内容主题	贴近学生的生活实际，反映社会发展、经济建设和科技发展要求内容恰当，难易适中			
		符合身心发展要求，促进学生个性发展			
		丰富学生体验，培养兴趣爱好			
		开发利用各种课程资源，拓宽信息渠道			
		围绕主题活动，综合运用各科知识			
	实践操作	主题活动方案具体可行，便于操作			
活动过程	活动组织	走进社区，走入社会，走向大自然			
		活动组织形式多样			
	活动展开	方法得当，体现探究、体验等学习方式			
		自主活动，主体性得到充分发挥			
	活动指导	教师是指导者、参与者、合作者			
		指导方法娴熟，形式多样，方式灵活			
	活动步骤	活动导入贴切自然			
		师生合作愉快顺利			
		活动过程协调紧凑			
		活动拓展合理有效			

如何创造性地开展班级活动

续表

项目	一级标准	二级标准	评价等级		
			A	B	C
活动效果	体验程度	自主思索、设计、操作			
		积极体验，陶冶情操，愉悦身心			
	参与程度	主动参与，自主实施，活动范围广			
		动手操作，实践能力强			
		成果有创意			
	知识结构	知识面宽，综合运用知识能力强			
	学习策略	方式方法多样，自主学习，探究学习			
		创新意识和动手能力			

3. 按照业绩对教师进行的评价

班级活动中对教师的评价还可以就指导学生数、参与教研活动等一些业绩指标进行，这些评价可以由教研室、教务处等组织进行。

案例

教师业绩考评表

内容及标准		等级			
		优	良	合格	不合格
学生反馈（50%）	全程参与				
	工作态度				
	指导水平				

续表

内容及标准		等级			
		优	良	合格	不合格
工作量 （30％）	指导人数				
	指导次数				
	参与教研活动				
	填写教师指导手册				
成果 （20％）	指导学生完成预定成果				
	指导教师的案例或者体会				
总评等级					
评语					

三、对班级建设的评价

班级活动中的班级建设评价是指通过教育者对班级活动价值的认识和对班级活动的组织管理等方面的考查，提高教育者对班级活动的认识水平，改进对班级活动的组织与管理，促进班级和班级活动发展的健康化、常规化。其内容包括考查教育者的认识程度、对班级活动的组织管理水平等方面。

案例

班级建设评价表

项目	一级标准	二级标准	评价等级		
			A	B	C
活动理念	育人目标明确	教育者充分认识班级活动价值			
		教育者高度重视班级活动组织与实施			
		能够评估学生需要、环境特点			
		班级活动目标明确具体			
	对班级活动进行整体规划	制订了班级活动的长远规划和方案			
		制订了班级活动的学年计划			
		制订了班级活动的学期计划			
	构建班级活动整体框架	整体考虑班级活动的年级衔接			
		整体考虑不同活动方式以及内容主题的开发			
		综合规划班级活动实施的整体结构			
班级管理	时间管理	保证班级活动时间			
		合理安排活动时间			
	管理机构设立	成立管理小组			
		建成课题组			
	管理制度制订	制订奖励制度			
		制订评价方案			
		制订研究方案			

续表

活动资源开发	班内活动资源开发与利用	班级空间、时间、信息、物质资源能够合理、充分利用			
		教师、学生的特长、兴趣及思想、能力资源的利用			
	班外活动资源的开发与利用	学校活动资源的开发利用			
		家庭活动资源的开发利用			
		社会活动资源的开发利用			
活动实施	开发活动内容主题	尊重学生特长，联系学生实际			
		反映班级特色			
		体现学校、社会环境特点			
	组织活动实施	以主题活动形式实施			
		制订具体指导策略			
		采取安全保障措施			
	评价活动	设计学生评价方案			
		建立学生成长手册			
		制订班级活动评价措施			
	完善活动结构	不断生成新主题			
		能与学科整合			
	创建班级文化	良好班级文化氛围形成			
		良好师生关系建设			
	促进班级与学校、社会的良性互动	积极参与学校各项活动			
		开展社区服务			
		积极参与社会公益活动			
		聘请社会人士作为指导老师			
	转变师生生活方式	教师教学、管理方式有较大改变			
		学生学习、生活方式有较大改变			

第三节 班级活动评价的实施

班级活动评价的实施就是实际进行评价活动，一般包括做好准备工作、实施评价和对评价进行总结三个阶段。每一个阶段的工作都关系着评价价值的实现和作用的发挥。

一、班级评价活动的准备

"凡事预则立，不预则废。"准备阶段是顺利进行班级活动评价的先决条件。一般来说，在准备阶段需要做好以下工作：

1. 确定评价人员

在准备阶段首先要确定"由谁来评价"，可以是教师，可以是学生，可以是学校领导，可以是家长，也可以是其他社会人士。具体选择哪些人员来对班级活动进行评价，一要考虑活动的目的和具体内容，二要考虑班级的实际情况，尽可能同时有多个主体进行评价，以保证评价结果客观、公正。

确定好评价人员之后，还要视情况组织他们进行学习，统一他们的思想和认识，使他们能与评价对象协调一致，团结合作，高质量地完成评价任务。

2. 制订评价方案

评价方案的制订是整个准备阶段最具实质性和关键性的工作，直接关系着评价的成败。班级活动评价方案的主要内容包括：评价的对象和目的要求，评价的组织和领导，评价指标体系，评价方法、程序，评价的时间安排，评价的注意事项等。一个好的评价方案应是：评价目的明确，指标体系合理，方法措施具体，时间安排合理，内容详细周全，步骤完整齐备。

3. 选择评价方法

班级活动评价的方法多种多样，从形式上看，有个人报告、学生活动小组评定、评价小组综合评定等；从评价方式上看，有成果汇报、作品展示、研究报告答辩、竞赛、专家审议等。不同的评价方法作用不同，需要根据评价目的、评价内容、评价主体等因素选择合适的评价方法，才能更好地进行评价，实现评价的目的。

4. 设计评价工具

评价工具是进行评价的手段和支柱，主要有量表、反思单、综合评定表等。设计适合于一定目的和内容的评价工具对于评价资料的收集和分析、评价结果的呈现和处理等都有重要作用。

评价工具的设计，不仅要重视学生的活动结果，而且要关注学生在活动过程中的体验和收获；不仅要考察小组，还要以小组为基础考查学生个体的表现；不仅为了管理和督导，而且最终要为参与者的发展服务。

如何创造性地开展班级活动

案例

学生学习档案反省单

学生姓名：

1. 为什么你把这件作品放入本学习档案中？

2. 你学到了什么？

3. 这个作品的优点是什么？

4. 如果你继续这部分的工作，你会增加、减少什么或做什么样的改变？为什么？

5. 在从事这部分工作时，你遇到什么问题？你是如何解决的？

6. 你最满意的是哪一次的表现？为什么？

7. 你最不满意的是哪一次的表现？怎么做会更好？

8. 你的作品哪些方面合乎评分标准？哪些方面没有？

9. 对于老师、父母和同学给你的评语，你想对他们说什么？

10. 你最想让谁看到你的档案，为什么？

其他：

学生学习档案检阅单（家长）

家长签名： 学生姓名：

请阅读孩子资料夹中的每一样作品，其中包括草稿与评语。

每一篇的排列顺序是由前到后，从草稿到最后成品。除此之外，每一篇都附有老师和同学对您孩子作品的评语。

我们相信最好的儿童作品或学习表现要从儿童本身开始着手，然而此项工作必须有更大的读者群来加以响应。因此，我们鼓励你们成为子女的读者。

在您阅读此资料之后，请与您的孩子谈一谈收集这些作品与各种表现的心得。另外，请回答下面的问题。

1. 资料夹中的哪一篇作品最能贴切反映您孩子的生活与学习？

2. 它告诉了您什么？

3. 从孩子资料册中您所看到的优点是什么？

4. 在学习过程中，您的孩子获得的最大进步是什么？在哪些方面是需要再加强的？

5. 您对他的学习与表现有何建议？

6. 其他

学生学习档案反思单（老师）

1. 我是否提供清晰、明白的方向让学生知道主题活动内容、评量项目与积分规范？

2. 学生知道如何准备档案资料以及反省重点吗？

3. 档案中各层次的目的，包括科目或领域的学习、成长的过程与环境的互动，是否达成了？优点是哪些？还有哪些缺点？

4. 档案看起来是否不同于一个累积作品的资料夹？

5. 档案清楚明白地预示活动主旨，让外人一看就知道是学生在进行的工作吗？

6. 学生珍视自己的学习档案吗？

二、实施班级活动评价

班级活动评价的实施阶段，是整个评价的中心环节，也是评价组织管理的重点。在这一阶段，除了做好与评价有关的宣传动员工作之外，关键是要系统、全面地收集评价信息，科学、合理地处理评价资料。

1. 搜集评价信息

搜集评价信息是进行班级活动评价的基础性工作。评价信息是进行评价的客观依据，是做出科学结论的必要条件。占有充足的评价信息，就能使评价结果客观、公正，使评价的作用尽可能发挥；否则，评价就会陷于片面随意和主观臆测，甚至使评价无法进行下去。所以，在评价实施阶段，要根据评价指标体系广泛搜集评价信息。搜集评价信息应注意以下几点要求：

（1）要注意评价信息的全面性

所谓评价信息的全面性，是指评价信息要能充分反映评价对象的全貌和全过程，不能有某一方面或某环节的疏漏。否则，就无法科学、准确地对评价对象进行全面、综合的评定。

（2）要保证评价信息的准确性

班级活动内容丰富多样，情况千变万化，可收集的评价信息繁多庞杂，应根据评价指标体系，收集那些最能准确反映班级活动实际情况的信息。

（3）要取得足够的信息量

信息的准确性，反映的是信息的质。从质和量的关系看，质以一定的量为必要条件，决定于数量的界限，没有一定的量就没有特定的质。因此，反映评价对象活动的信息，需要有足够的量。这里所要求的足够的量，并不是说信息越多越好，而是要求所获得的信息量应足以保证对评价对象的性质做出准确、客观的价值评判。

2. 整理评价信息

整理信息，主要是指将收集到的评价信息反复加以核实，对评价信息的全面性、准确性、适应性以及收集评价信息方法的可靠性认真进行检查、分析和整理，以便于做出有效的评价结论。班级活动评价信息的整理程序如下：

（1）归类

将各个评价者通过各种渠道所取得的评价信息资料在规定的时间内汇集归拢，初步理出类别。

（2）审核

将归类的评价信息进行审核，即根据既定的班级活动评价目的，对全部评价信息逐一核实，进行去伪存真、去粗取精的鉴别和筛选。对缺欠的信息，要及时补充收集；对不重要的、代表性差的信息要舍弃；对需要运用统计手段加工的信息，如计算平均数、标准差、标准分数等，需要画统计图、表等，及时进行统计加工处理，使评价信息具有完整性、真实性、准确性、清晰性。

（3）编号

将审核后的评价信息根据评价指标体系分门别类地制成一定的表格形式或卡片形式，并进行编号存储，以备检索、分析。

3. 分析评价资料

在对评价资料整理之后，紧接着就要对之进行分析，以便得出评价结论。对班级活动评价中量化数据的描述、汇总和推断，对质化信息的分析判断是这一阶段的重要工作。一般来说，评价资料的分析可以分为定量分析和定性分析两种，但在实际的分析中，常常是将两者结合运用。

班级活动评价不论采用何种分析方法，都要指向被评价者发展的个性化分析与判断。所谓被评价者发展的个性化分析与判断是指以被评价者发展的历史过程为参照系，比较其某一阶段发展在整个历史发展中的位置，也就是让被评价者的今天与昨天比较，发现长处与不足，以便促成进一步的发展。评价者的首要任务是描述被评价者发展的轨迹，展望其进一步发展的可能方向，提示发展的途径和方法，而不仅是分析其某一方面的发展水平在总体中的位置。因此个性化分析与判断不是侧重共性分析，更不是单纯排列名次、累计获奖次数、公布获奖名次，而是切实促成被评价者的进步与发展。

4. 形成评价结论

班级活动评价最终要形成一定的结论。结论是对被评价者的激励，帮助其看到自身优势，获得自信，了解不足，以便更好地改进。形成评价结论需慎之又慎。如果结论不当，不仅不能帮助被评价者看到自己的优势与不足，反而会挫伤其进一步参与活动的积极性。对于形成合理、有效的评价结论，需要注意以下问题：第一，评价结果的表述，要实事求是，无论优劣都不能夸大其词；第二，描述的语言要通俗易懂，可接受性强；第三，尽量从学生或教师个体历史发展角度，肯定成绩，查找原因；第四，与学生或教师群体比较，需要依据对象的心理特点，谨慎表达；第五，评价结果，最好征求学生或教师个体的意见，决定是否公开；第六，自始至终，将激励学生或教师主动参与活动作为评价的理想追求。

三、总结班级活动评价

班级活动评价的最后一个环节是对评价进行总结，包括对评价结果的合理性进行检验，对评价结果的有效性进行分析，认真对待评价结果反馈，为后续评价做出适当的决策。

1. 检验评价结果

总结班级活动评价的第一步是对评价结论的合理性进行检验。如果结论适切，说明评价的目的、过程、程序等环节都科学、合理；如果结论不合宜，则要查找原因，汲取经验，对已造成或可能造成的不良后果进行及时补救。

检验评价结果的合理性需要做到：第一，要看其是否为被评价者所接受；第二，要看结果与目的的吻合程度，如果结果与目的不吻合，则评价结果便不具有合理性；第三，要看评价资料的可信度是否有保证，资料如不真实可信，则评价结果毫无价值可言；第四，要看各种影响因素是否悉数涵盖，如果不能全部涵盖，则不能排除结论的偶然性，这也会伤害到评价结果的合理性；第五，要看评价者是否存在偏见，如果评价者本身对被评价者有偏见，则结果无疑不会合理；第六，要看评价方式是否清楚，如果评价方式本身含糊不清，则通过该方式而形成的结论便似是而非；第七，要看评价工具是否可靠，如果不可靠，则评价结论根本无合理性可言。

2. 分析评价结果

经过对评价结果的检验，如果表明是合理的，还要对其有效性进行分析，因为合理的不一定是有效的。分析评价结果的有效性需要做到：第一，要看评价目的是否合理，如果评价目的本身有偏差，则评价结果无论有多合理，其有效性也是值得怀疑的；第二，要看评价范围界定是否合适，如果评价范围不合适，则评价结果也缺乏有效性；第三，要看评价资料收集方法是否切合相应的文化背景，如果不合适，则其结论可能合理，但一定不会适合被评价者；第四，要看评价工具是否适合于评价目的，工具与目的相称，其结果也便有效；第五，要看评价资源是否完备，如果缺少相应的时间、经费、人力等评价资源，则评价结果的有效性便大打折扣；第六，要看评价的程序是否遵守一定的伦理标准，如果不是，则结论的有效性便不能确保。

3. 反馈评价结果

评价结果产生之后，需要认真对待相关的反馈信息。评价结果的效用如何，要有相应的反馈信息来说明。这就要求建立信息反馈的通道，以便及时、准确地获得反馈信息。在得到反馈信息之后，要对整个评价过程进行反思，看看它成功在什么地方，问题存在于什么地方，然后提出初步的改进方案，并将这一方案反馈给评价结果的承受者。如有可能，可以多次循回反馈，获得准确的信息，做出合理的决策。

4. 做出合理决策

在对整个评价活动进行总结之后，自然要为以后开展评价活动做出适切的决策，包括如何准确制订评价目标、如何做好评价准备工作、如何有效实施评价活动和如何对评价进行科学总结等。至此，单次班级活动评价便算完成。

第四节　班级活动评价的方法

　　班级活动评价的方法众多，可以从不同的角度进行归类。这些方法包括：单项评价和综合评价，诊断性评价、形成性评价和终结性评价，相对评价和绝对评价，定性评价和定量评价，自我评价和他人评价，活动过程档案袋评价等。评价者可以根据实际情况选择适合的评价方法。

一、单项评价与综合评价

1. 单项评价

　　单项评价指针对班级活动某一方面的状况进行评价，比如，可以只评价作为班级活动主体的学生或者教师，也可以只对班级活动过程中的某一个环节进行评价等。单项评价可以以较少的人力、时间了解评价对象某个方面的情况，更详细、全面地获取这一方面的信息，有针对性地提出具体的意见与建议。

2. 综合评价

　　综合评价指对班级活动评价对象的方方面面作整体性的价值评定。比如，可以对班级活动的设计与准备，实施与指导，总结与反思等方面进行全面、系统的评价。综合评价可以整体了解、全面把握班级活动的状态。

由于综合评价涉及的评价内容层面较多，其组织与实施需要精心设计：评价人员应由各方面的内行组成；评价实施应有充裕的时间了解详细情况、获取评价信息；应事先通知评价对象准备评价所需各种资料；避免评价过程走马观花、评价结果主观武断。

二、诊断性评价、形成性评价与终结性评价

1. 诊断性评价

诊断性评价指为使班级活动的形式、内容、过程等更适合学生的自身条件及需要而进行的评价。

一项班级活动进行之前，可运用诊断性评价了解学生的条件与需求，以便针对其条件与需求确定活动的目标、内容、形式、方法等。例如，在一项班级活动实施之前进行诊断性评价，以确定学生是否具有进行该项活动的能力与愿望。

一项班级活动在进行之中，可运用诊断性评价了解活动对个别学生不奏效的原因。例如，一个班的学生中有几位不能全身心地投入活动之中，教师可以通过诊断性评价寻找其原因。诊断性评价可以先从班级活动入手判断活动内容的难度、活动方式方法是否适当。若排除此方面的原因，则要由学生的身体、情感、家庭影响等方面入手，诊断学生的活动状况是否受班级活动以外的因素影响。诊断性评价可以为制订更适合个别学生或更有效地提高个别学生活动水平的方案提供依据。

2. 形成性评价

形成性评价是指在班级活动过程中，为了不断了解活动的进展，以便能及时对活动进行调整，进而提高活动质量所进行的评价。形成性评价旨在改进班级活动，而不是判断学生在活动中的表现优劣或评定成绩高低。

一次形成性评价针对的是班级活动进程某一阶段的全部内容。例如，在班级活动进行过程之中，及时了解学生参与情况，对那些不能投入参与

的学生进行了解，分析其不能很好参与的原因，要么对其加以合理引导，要么对班级活动进行适当调整，以便更好地促进那些学生参与班级活动。如果对评价中反映的偏离目的部分不采取补救措施，如对班级活动的方法、内容、进度等方面存在的问题不作相应的调整，则形成性评价的目的就未达到。

3. 终结性评价

终结性评价指对班级活动的效果进行的评定。终结性评价侧重于对班级活动的结果做出评定，并将评定结果报告给有关人员。终结性评价并不限于班级活动结束之后进行，在活动之中进行的旨在对活动效果作出的评价同样是终结性评价。

终结性评价与形成性评价同为班级活动结果的一种测定，但二者有较大的区别：首先，从目的上看，形成性评价是为了帮助班级活动取得更好的效果而对于活动的某一阶段或某一环节进行的评价，并贯穿于整个班级活动过程之中，而终结性评价通常是在整个班级活动（一项或全部）结束后，对班级活动取得的成效进行全面评定；其次，从进行次数上看，形成性评价比终结性评价进行得频繁。

三、相对评价、绝对评价与个体内差异评价

1. 相对评价

相对评价是指从所有评价对象的实际状况中找出评价标准，然后依此标准对每一对象进行的评价。例如，在班级活动中，以评价对象中多数人能达到的水平为基本标准，将评价对象按实际达到的程度排序，超过基本标准的为优或良，低于基本标准的为差。相对评价的结果显示个体在集体中的位置。在相对评价中，由于人的能力存在差异，无论评价对象实际水平如何，评价结果总有优中差的区别。处在差的位置的个体，有可能总是处在差的位置上，所以相对评价易使处于不利位置的个体丧失信心。在班

级活动中应用相对评价需慎之又慎。

常模参照评价就是一种典型的相对评价。常模参照评价即以班集体的平均成绩为标准（常模），通过个体与常模比较，评定出每个学生在班级中的相对位置。这种评价是以集体的成绩为正态分布条件下采用的，它往往反映的是学生在综合目标下的表现，适合于综合评价，而不是个别的知识或技巧的掌握。这种方法一般可以使教师客观地了解自己实际的业务水平，也能够帮助学生及时了解自己在班级中的地位。

2. 绝对评价

绝对评价是指依据某种需要或要求设定评价标准而进行的评价，即在评价对象集体之外，选择一个与集体无直接关系的客观标准，然后再将评价对象与客观标准进行比较，进而得出评价结论。例如，在班级活动中，教师以是否达到活动的要求为评价标准进行评价，只要学生的活动达到基本要求即为合格。绝对评价由于标准固定，评价对象可以通过评价了解自己的活动状况与标准的差距，只要肯努力就会达到标准。

目标参照评价就是一种绝对评价方法。目标参照评价是以既定的目标为标准，通过个体与目标进行比较，评定出每个学生达到目标所规定的水平或程度的情况。评价结果客观准确是这种方法的最大优点。但是绝对评价的标准是否能够达到客观、准确是非常棘手的问题，这也限制了该方法的使用。

3. 个体内差异评价

个体内差异的评价是指以评价对象某一状况作为评价标准依据的评价，即把个体的过去和现在，或把个体的若干侧面相比较而进行的评价。进行个体内差异评价，可以比较个体历时的变化，也可以对个体不同侧面进行横向对比。个体内差异评价可以帮助教师了解学生的进步情况、优势与不足，也可使学生对自己有一个全面的了解，并确定努力的方向。其不足在于它没有客观标准，容易被一些虚假的表面现象所迷惑，没有与其他个体进行比较的机会，容易产生盲目自大的心理。

四、定性评价与定量评价

1. 定性评价

定性评价是根据评价者对评价对象在平时班级活动中的表现、感受和状态等的观察和分析，直接对评价对象做出评价结论的价值判断。其目的是把握事物"质"的规定性，形成对评价对象完整的看法。例如采用无结构观察、开放式访谈、调查、查询各种文字资料等方法，获取各方面的信息，对评价对象的状况进行描述、分析，并做出评价结论。

定性评价有利于教师了解学生的整体状况，并制订有效的班级活动方案。例如，对学生活动状况的评价，可以采用观察学生在班级活动中行为表现，访谈学生对班级活动的态度、想法，形成活动动力或阻碍的各种因素，了解活动环境、教师、家长对学生的影响等，最终对学生的活动状况和影响活动的因素做出分析和评价。

2. 定量评价

定量评价指采用结构式的方法，预先设定操作化的评价内容，收集评价对象可以量化的信息，运用数学方法（主要是教育统计学方法与模糊数学方法）做出推论的评价。其目的是把握事物量的关系，客观、简洁地揭示被评价对象重要的可测性特征。这种评价方法可以使一些概念精确化，加强评价的区分度，降低评价的主观性和模糊性，增加评价的说服力。

定性评价强调观察、分析、归纳与描述，关注学生"质"的方面的发展，关注活动结果与活动目标之间的一致性；强调对学生优缺点进行系统的调查，并对个体独特性做出"质"的分析与解释，是具有实质性内容的一种评价机制。定量评价强调数量计算，以教育测量为基础，关注"量"而走向抽象并且侧重定量描述。因而，定量评价与定性评价各有长处与不足，两者结合运用，才能更好地发挥班级活动评价的作用。

五、他人评价与自我评价

1．他人评价

他人评价是指针对某次班级活动，由被评价者以外的人作为评价主体进行的评价。他人是相对被评价者而言的，既可以是个人，也可以是小组或机构。专家评价、社会评价、同伴评价、同事评价等均为他人评价。对教师来说，学生对其组织指导活动的情况的评价是他人评价；对学生来说，教师对其活动情况的评价是他人评价。

他人评价可以为被评价者了解自己的状况提供更广阔的视角，为今后改进活动状况提供更多的思路。他人评价的实施者需注意：不以居高临下的姿态进行评价；获取评价信息要尽可能详细、全面，避免以偏概全；评价结论要以事实为根据，避免受以往评价结果的影响，避免受个人成见的影响等。

2．自我评价

自我评价是指班级活动参与者或实施者作为评价主体对自己在活动中的表现做出的评价。自我评价有利于找出自己的不足与差距，从而产生前进的动力。自我评价过程可以形成有效的自我反馈，这有利于克服对他人评价的逆反心理。

六、平时性评价与阶段性评价

1．平时性评价

所谓平时性评价，系指由教师在活动过程中依具体情况进行的随堂评价，是班级活动中最经常发生的评价行为，其中又分为纯粹随机评价和小结性评价两种情况。

如何创造性地开展班级活动

（1）纯粹随机评价

指班级活动过程中，教师针对学生的行为方式、作品优劣、情绪态度变化等，有针对性地作出的回应。此种评价看似随意，然而教师的态度、语言、乃至肢体动作或眼神都可能对学生产生某种影响，直接关系活动气氛和活动的氛围，对此类评价绝不能疏忽大意，草率从事。作为评价主体的教师，其热情、中肯的态度和客观、公正处事风格常是影响评价成功的关键因素。

（2）小结性评价

小结性评价是指活动到达某一阶段或整个活动结束前，教师针对活动实际情况，为总结经验、发现问题、巩固收获、促进学生发展而组织的有明确目标的评价。通常可以用学生自评、小组互评、教师点评的方式综合实施，视情况也可以采用师生研讨式的评价方法。

搞好评价的关键是教师的指导要有效，导向要正确。指导有效是指评价过程中要注意激发学生学习和反思的积极性，充分实现交流与分享，并能针对不同层次的学生给予适切性的指导，使全体学生都能感到有收获；导向正确，是教师能够从活动课程三维目标的要求出发，不但要重视活动过程涉及的技能、方法的总结，更要重视学生情感、态度、价值观的提升，通过评价促进学生学习方式的转变以及主体性、创造性和人文素养的提高。

2. 阶段性评价

阶段性的评价，指学期末或学年末，以至全部课程结束时对学生总结性或结论性的评价，相当于学科课程的总评成绩的确定。由于班级活动一般不采用学科考试的办法，用分数解决问题，但又需要对学生的学习作出必要的结论，所以一般采用档案袋评价法。

（1）学生成长记录档案袋的类型

①过程型的成长记录档案袋

主要诊断学生在活动过程中所取得的成绩及存在的问题；记录学生在活动某一领域的进步轨迹；培养学生对班级活动的兴趣与参与积极性。

②目标型成长记录档案袋

除了过程性成长记录档案袋所涉及的目标外，它还关注以下几点：让学生学会制订主题活动计划与选择主题目标；培养学生自我监控学习的技能、自我表现反思的能力。

③兼合型的成长记录档案袋

兼合型的成长记录档案袋，它实际上是一个按学生兴趣发展进行收集的百宝箱，它可以按照学生的意愿自由地放入各种学生认为重要的资料。是一个体现学生爱好与兴趣的档案袋。

（2）成长档案袋评价方法

学生活动过程档案袋评价是班级活动评价中不可缺少的评价方式。通过档案袋的运用，可引导将活动过程记录下来，并可将其作为总结性评价的依据。具体做法如下：

①指导学生在档案袋中放入自己的作品

第一步：让学生随意放。学生在档案袋中随意放入自己的任何作品，对放入记录袋的作品不提任何要求。这时，学生放的作品大多是活动计划、调查问卷、收集的资料、日记等。

第二步：指导教师对学生放入的作品提出一定的要求，如感受最深的一次采访，"我的新发现"，让学生根据老师的要求有选择地放入一些作品，引导学生开始审视自己的作品。

第三步：有展示性地放。让学生说出放入这次作品的理由，如放入这张照片的原因是照片很美，这样引导学生开始对自己的作品进行鉴赏。有合适的情形，可让学生将作品当众展示。

第四步：成长记录袋中老师设计一些小栏目。如收获园、新发现等，让学生根据小栏目自定目标、自设标准、自选形式、自组内容，逐步培养学生的反思能力和独立性。

为了使成长记录袋更加有效，教师可设计一些呈交的条目，指导学生按要求放入一些材料。如，在典型的成长记录袋评价活动指南中，有如下条目值得参考：

A．展示成果。

B. 展示创造性。

C. 反思自身的变化与成长。

D. 显示学生所冒的风险。

E. 思考每条内容被选的原因。

F. 列出要提出的问题或者确认要解决的问题。

G. 表明学生的学习方式。

②制订档案袋的评定标准

评定标准的制订是档案袋评价的重要依据。在班级活动档案袋的评定标准制订时，要确定评价的维度、指标及评定等级。

③对档案袋进行评定

在对档案袋进行评定时，一般是作为一种终结性评价，通过它的评价来评估学生的发展水平。如学生综合运用学科知识的能力、实践能力等方面的目标可通过档案袋中收集的作品进行整体评定。

第六章　班级活动的类型举例

　　从不同的角度审视班级活动，可以对班级活动的类型作不同的划分。例如，根据活动地点分类，班级活动可以分为校内和校外班级活动。根据活动时间分类，班级活动可分为常规性班级活动和即时性班级活动。根据班级活动的目标与功能，可将其分为主题教育活动、科学探索活动、科技活动、文艺体育活动、社区服务与实践活动、心理辅导活动等。具体运作时，可根据当时当地的具体情况，将这些基本的活动类型加以组合，形成更具综合特点的活动项目。本章仅就见诸学校的主要的活动类型，予以简要说明。

第一节　主题教育活动

　　班级主题教育活动的基本内涵，是指学生和教师一起选择、设计出新颖独特、主题鲜明、教育意义深刻的班级活动，是在活动的全过程中，师生积极参与、全员合作，从而培养学生主体性的一种教育方式。

　　班级主题教育活动的特殊意义在于，它比一般性的活动更富于教育价值，更能体现素质教育的基本理念，更能发挥学生的创造精神，是学生展现潜能和才华的舞台，也是学生锻炼能力的机会。开展得好的班级主题教育活动不仅能收到明显的近期效果，而且能影响学生的一生。

一、主题教育活动的类型

1. 节庆纪念日主题教育活动

　　每一个节庆纪念日都有着丰富的内涵，其中包含着爱国主义（如七一、八一等）、传统美德（如中秋、重阳等）、环保（如世界水日、植树节等）和珍惜生命（如世界无烟日、爱眼日等），等等。深入挖掘这些节庆纪念日的思想内涵，并辅之以有效的教育形式，可以让学生在活动中体验每一个节庆纪念日所蕴涵的人文、历史、环境、人生价值和法律观念等。

　　一年中的节庆纪念日很多，每一个节庆纪念日都可以组织开展各种形式的节庆纪念活动，这些活动遵循着一定的规律，大致可以分为辞旧迎新活动、革命传统教育、诞生日纪念活动、群众性纪念日、民间传统节日、专题教育日等。

2. 学生成长主题教育活动

现代教育是以人为本的教育，不仅关注社会发展功能，还关注个体发展功能。伴随着全球教育改革的潮流，把人的发展和成长作为教育的目标，"为了每一位学生的发展"，已成为课改的基本理念。作为班主任，要根据学生身心发展的特点和规律，关注学生在不同年龄阶段的生理变化、心理成长、学习和生活状态，倾听他们的烦恼，满足他们的需求，解决他们的具体问题，促进学生主动健康地成长。

不同年级的学生发展特征、需要关注的问题不同，主题教育活动也应有差异。

3. 班集体建设主题教育活动

班集体建设主题教育活动是对学生开展道德品质、习惯养成教育的有效形式和学生进行自我教育的重要途径。它是班集体生活中不可缺少的组成部分。班集体建设活动从人的一般发展来分，可分为学习、劳动和游戏等；从班集体的功能来分，可分为教育性活动、管理性活动、发展性活动和保护性活动等；从班集体建设的途径来分，可分为课堂教学、课外活动和社会实践活动等。

二、主题教育活动举例

过年

一、活动背景

又是一年年末，高年级的学生们围绕着即将来临的圣诞节互赠贺卡、送礼物，开晚会，忙得不亦乐乎。在由此引发的对话中，教师了解到他们对各种"洋节"十分热衷，相反对中国传统节日的文化内涵却知之甚少。这引起了教师的警觉：这些现象的发生是否意味着孩子们民族精神的缺失？五六年级正是培养学生民族精神的合适时机，恰逢大队部计划在寒假中开展关于"春节"的探究性活动，教师便考虑借助这一系列主题活动，让学生通过自主的探究活动去深入感受春节这一传统节日的文化内涵和魅力，从而受到爱国主义、民族精神、民族文化的熏陶和感染。

二、活动目标

1. 通过师生之间多向互动活动，了解中国的传统节日——春节的来历、习俗以及与春节相关的一些内容，在此过程中积淀知识，发展技能。

2. 激发起对中国民俗风情的喜爱，提高鉴赏美、评价美、表现美的能力。

3. 培养搜集、选择、提炼资料，以及用相关资料说明自己观点的能力，学会在集体活动中大胆交流，快乐分享，团结合作。

三、活动计划

活动安排在春节前两周，目的是让学生在充分查找资料、讨论和交流的基础上，选出几个自己最喜欢和最擅长的研究内容进行研究。通过师生的共同讨论，确定了本次探究性活动的内容：年俗的研究，春联的研究，饮食文化的研究，年画、窗花的研究。同时把活动细化成四个系列。

四、活动过程

活动一：学生自由组合成若干小组，自愿申报，进行专题资料的搜集、整理、选择、学习、交流。

活动二：以小组为单位，自主选择展示方式，在全班展示小组研究的成果。

活动三：利用寒假，带着自己的认识和理解，过一个与众不同的春节。到节日中去用心感受、体会、创造和传播春节文化。

活动四：开学后，组织一次活动总结，通过文章、图画、春联等各种不同的形式汇报、展示参与本次活动的感受和成长。

第六章 班级活动的类型举例

放飞理想

一、活动目的及意义：

培养同学们自我教育的能力，帮助同学们树立远大的理想，进一步端正学习态度，激发他们以更新更高的标准要求自己。

二、活动准备

1. 组织学生围绕这次班会的主题搜集本班同学对于梦想和理想的看法，作总结。

2. 确定男女各一名主持人以及表演的同学。

3. 学唱《梦想成真》和《真心英雄》等歌曲。

4. 选定同学作班会发言准备及班主任作好相关发言准备。

5. 选定散文诗《放飞你的梦想》。

6. 各自准备一张小卡片。

7. 要求学生会后每人写一篇以"三年后的我"为主题的作文。

三、班会程序：

1. 主持人致辞，激活班会气氛。

2. 学生畅谈自己儿时的梦想。

3. 演唱《最初的梦想》。

4. 配乐诗朗诵《放飞你的梦想》。

5. 班主任讲话：每个同学都有自己的理想，但要把理想变成现实，需要辛勤的劳动、努力的学习。

6. 请每位同学为自己设计一张自己未来的名片。

7. 齐唱《真心英雄》结束班会。

关爱集体

一、活动目的

通过猜谜语、讲故事的活动形式使同学们了解一些古今团结互助、顾全大局的故事，珍视同学之间的友谊；团结互助、热爱集体、以诚待人、顾全大局；增强集体责任心，荣誉感。

二、活动准备

1. 召开团支部会议，研究活动方案，分工负责。

2. 向全班同学发出通知。

3. 准备一架电子琴，在故事讲完、歌曲唱完后或猜中谜语时奏响烘托气氛。

4. 准备录音机，录下活动情况。

5. 将谜语做成纸条。

三、活动程序

（甲、乙主持人上）

甲：现在我宣布"猜谜语、讲故事"活动开始。

乙：希望这次班会能进一步促进我们全班同学团结互助、热爱集体、以诚待人、顾全大局，为班级赢得更多的荣誉。

甲：请抽谜面，抽完交由主持人读，"打破框框，疏通人才"（打一字，谜底"团"）。

乙：猜对了，是团结的团，共青团的团，让我们对他表示祝贺。

甲：请下一位同学抽，"齐呼口号"（打一成语，谜底"异口同声"）。

乙：没有猜对，其他同学有没有知道的？没有，好，我公布谜底。请这位同学给大家讲一个故事。

（以下同上例）

1. 久旱逢甘露（打《水浒》一人名）

谜底：宋江绰号及时雨。

2. 不是真翡翠（打《红楼梦》一人名）

谜底：贾宝玉。

3. 攻与守的武器（打中国现代一作家名）

谜底：茅盾。

4. 百年书屋（打中国现代作家名）

谜底：老舍。

5. 终生无疾病（打中国一电影演员名）

谜底：康泰。

6. 枯木逢春（打一外国文学名著）

谜底：《复活》。

7. 大家笑你（打一中国城市名）

谜底：齐齐哈尔。

8. 四季花香（打一中国城市名）

谜底：长春。

9. 海中绿洲（打一中国城市名）

谜底：青岛。

10. 中华崛起（打江西省一地名）

谜底：兴国。

11. 旧皮货展览（打一中药名）

谜底：陈皮。

12. 四月将尽五月初，刮破窗纸再重糊；丈夫进京三年整，捎封信来半字空（打四种中药名）

谜底：半夏、防风、当归、白芷。

13. 生的是一碗，煮熟还是一碗；不吃是一碗，吃完了还是一碗（打一种水生动物）

谜底：田螺。

14. 大姐长得美，二姐一肚水，三姐露着牙，四姐歪着嘴（打四种水果）

谜底：苹果、葡萄、石榴、桃子。

15. 老大头上一撮毛，老二脸红似火烧，老三越大越弯腰，老四开花节节高（打四种农作物）

谜底：玉米、高粱、谷子、芝麻。

16. 大哥把亮照，二哥把鼓敲，三哥撼大树，四哥用水浇（打四种自然现象）

谜底：闪电、雷、风、雨。

（以下为故事参考）

古代成语故事《公而忘私》

相传春秋时候，晋国君晋平公，有一天问大夫祁黄羊说："南阳缺一个县令，你看谁可以胜任？"祁黄羊毫不犹豫地回答："解狐最合适。"晋平公很惊奇，问道："解狐不是你的仇人吗？"祁黄羊说："您问我谁可以胜任县令，并没问我谁是我的仇人嘛！"于是晋平公就派解狐去任南阳县令，大家都称赞晋平公会用人。

又有一次，晋平公问祁黄羊："你看现在谁可以担任军中的统帅？"祁黄羊又毫不犹豫地回答："祁午可以担当。"晋平公又奇怪起来，问道："祁午不是你的儿子吗？"祁黄羊回答："您只是问我谁可以担当军中统帅，并没有问我祁午是不是我的儿子呀！"于是，晋平公又派祁午去做军中统帅，大家也都称赞这个任命很合适。

后来孔子知道了这件事，称赞祁黄羊推荐人才，完全按照德、才的标准，外不避仇，内不避亲，称得上公而忘私。

一块手表的故事

1935年冬天，红军接连打了几个胜仗。一次，部队在湖南某地一个恶霸地主的老巢，没收了许多各式各样的钟表。贺龙同志的警卫员唐云清，想到贺龙同志还没有一块手表，很不方便，就向后勤部的同志要了一块手表。

小唐回到司令部，看到贺龙同志正帮炊事员洗菜，就喊："军长，你来！"

贺龙同志放下手里的活，走过来。小唐说："我给你搞了块手表！"

"噢！哪来的？"贺龙同志高兴地问。

小唐一边说明缘由，一边把表递过去。

贺龙同志接过表，听听、看看，很内行地说："好表，真是块好表，很像贺英姐送给我的那块。"

原来，贺龙同志曾经有过两块表。一块是他当北伐军20军军长的时候用的，后来部队物资紧张，为了买布给战士做棉衣，就托人把表卖了。另一块是贺英同志送的，贺龙同志听说参谋长需要，就转送给参谋长了。

贺龙同志看着表，突然问："你经过没收委员会没有？"

"后勤部的一个同志和我一起去取的，他说他去登记。"小唐怕贺龙同志再说什么，又接着说："他们会同意的，总指挥因为工作需要用块表，他们还能不同意么？"

"总指挥？总指挥就能凌驾于组织之上？就不遵守党纪国法？唐云清同志，一切缴获要归公，没收的东西，由没收委员会统一分配，这是纪律，谁也不能违反，我们一老一少，都是党员，党员能搞特殊吗？"贺龙严肃地说。

听了军长的话，小唐心服口服，把表送回了没收委员会。

……

主持人：我们今天的活动就进行到这里，几位同学讲的故事很好，我们中华民族有着优秀的品质，特别是团结奋斗的优良传统，我们跨世纪的青年要继承和发扬，担负起历史交给我们的神圣责任。谢谢！

四、活动提示

1. 收集的故事内容要以集体主义为主要内容，讲述团结互助，顾全大局的故事。

2. 穿插的歌曲也要以上述内容为主。

3. 每个故事时间不宜过长，以3～5分钟为宜。

第二节　科学探索活动

人类科学探索活动的核心是探索未知，组织儿童和青少年开展科学探索活动，目的在于引导他们接触自然、科技和社会实践，初步了解科学研究的过程，学习科学研究的方法，并亲身获得科学研究酸甜苦辣的各种体验，享受科学研究的快乐。

青少年和科学家认识世界的方式本质上是一样的，从这个意义上说孩子从小就是科学家，他们可以像科学家那样去探索未知。但儿童和青少年的知识和经验毕竟有限，以至他们的认识过程自然又有其特殊性，因此才需要引导。组织他们有意识、有目标、有针对性地开展科学探索活动，常能加速他们的成长过程，因而具有十分重要的意义。

一、科学探索活动的类型

依探索对象不同，采取步骤和使用方法各异，适用于儿童和青少年的科学探索活动又可以分为几种情况：

1. 观察考查型科学探索活动

这是一类置研究对象于自然状态，主要通过观察、考查、访问等形式获得研究材料，进而通过分析和研究，得到对事物的本质或规律认识的科学探索活动。例如对自然现象的调查，对社区自然和社会环境的考查等都属于这种性质的活动，此外，社会人文科学调查类的活动也可以归于这一类。

2. 实验研究型科学探索活动

这一类活动以使用一定的仪器和设备，通过实验研究收集数据为特点。所谓实验研究即是对研究对象进行有效控制，使受控对象的现象得以反复出现，从而更加有效地进行观察和分析其呈现条件及其规律性。例如许多涉及物理、化学、生物等内容的定性和定量的研究多属于这一类型的活动。

3. 综合研究型科学探索活动

这是一类以问题解决为核心的科学探索活动，它常常综合了文献收集、调查研究、科学实验等多种方式和手段，因而真正可以称得上是综合研究，但对于中小学生来讲，这种综合多是初步和有限的综合，研究探索的性质也仅只是某种意义上的模拟，是不能要求过高的。

如何创造性地开展班级活动

二、科学探索活动举例

让名人故居"抛头露面"

一、活动目标：

1. 通过对本市名人故居的调查和研究，了解名人故居的现状，结合本市旅游型城市发展策略，探究名人故居作为旅游资源的利用与开发问题，为城市的发展提出建设性的建议。

2. 通过研究性学习，提高同学利用网络、图书馆收集信息、处理信息的能力；培养同学乐于与他人合作、自主探究学习的精神；锻炼社交能力，发展实践能力和创性精神。

3. 通过研究性学习，了解本市发展现状和前景，理解并热爱历史名人的优秀传统，关注和参与城市发展规划。

二、活动方式

以小组为单位，利用网络、图书馆或采访知情人等方法，了解本市名人故居的概况和相关历史名人的事迹；通过现场考察、采访有关专家或部门，调查名人故居的保护和利用现状；采访市政府、旅游局和规划局等部门，了解名人故居在本市未来的规划简况；结合调查结果，为城市的发展，提出建设性的建议，并送交有关部门。

三、准备工作

同学自由组合，形成学习小组，以5人左右为宜。小组成员共同制订合作学习规则。

四、实施过程

<table>
<tr><td colspan="2">学习
阶段</td><td>课
时</td><td>学习
目标</td><td>研究
方式</td><td>合作学习内容</td><td>学习
成果</td><td>评价
依据</td></tr>
<tr><td colspan="2">准备
阶段</td><td>2</td><td>制订
计划</td><td>集体
讨论</td><td>1. 组员推选产生组长；
2. 制订学习活动计划；
3. 撰写开题报告；</td><td>计划；
开题
报告</td><td>活动计
划；开
题报告</td></tr>
<tr><td rowspan="2">自主探究阶段</td><td>第一阶段</td><td>8</td><td>了解名人
故居的概
况和相关
名人的历
史事迹</td><td>上网搜索
查阅图书
走访知
情人</td><td>1. 确定组员分工（分为网络、图书、知情人三小组）；
2. 各小组搜集资料；
3. 各小组交流收集的资料和经历；
4. 全组共同处理信息，筛选出有效的资料</td><td>经过筛选
的资料</td><td>集体活动
记录；初
始资料；
处理后的
资料</td></tr>
<tr><td>第二阶段</td><td>10</td><td>了解名人
故居的保
护和利用
现状现场
考察</td><td>采访有关
专家、
部门</td><td>1. 共同制订实地考察的日程表和内容；确定需采访的专家和部门、采访内容，同时做好预约、联系工作；
2. 共同进行实地考察和采访工作；
3. 汇总考察和采访情况；
4. 共同撰写《名人故居的保护和利用现状》调查报告</td><td>调查报告</td><td>集体活动
记录；调
查报告</td></tr>
</table>

续表

学习阶段		课时	学习目标	研究方式	合作学习内容	学习成果	评价依据
自主探究阶段	第三阶段	10	了解常州市民对名人故居的了解和期盼	问卷调查现场采访	1. 共同制订调查问卷； 2. 确定社会调查的范围和方式； 3. 走上社会，分头进行调查； 4. 汇总调查情况，撰写《市民对"名人故居"的了解和期盼》的调查报告。	调查问卷；采访实录；调查报告	集体活动记录；调查问卷；调查报告
	第四阶段	10	探究名人故居的开发利用模式	采访专家网络图书	1. 整理、回顾活动资料，反思调查结果，提出开发设想，互相交流； 2. 讨论设想的可行性，确定科学、可行的方案； 3. 撰写论文《让名人故居"抛头露面"》	论文	集体活动记录；论文
总结阶段		2	课题评估	讨论	1. 总结课题研究，填写结题评估表； 2. 小组内开展学习评价，分为自评和互评； 3. 请指导老师评估课题和学生学习个体学习情况。	结题评估表；个体评价	结题评估表；个体评价表

五、活动评估

主要从以下几个方面进行评估：

1. 同学利用网络、图书馆收集信息、处理信息的能力；

2. 同学乐于与他人合作，自主探究学习，积极参与社会实践活动；

3. 运用学习结果，分析和解决问题的能力及解决问题时的创新精神。

评估方法：

1. 研究档案袋

该档案袋可存放研究过程中的一切材料，如活动情况记载表（包括小组会议记录）、搜集的资料、小组分工名单、工作计划等，以此对学生的研究性学习进行长期、稳定的综合考察和较为全面的评价。

2. 学生习作

学生习作，指由学生创作，能较好体现探究性学习成果的作品。如调

如何创造性地开展班级活动

查问卷、调查报告和论文等。重点考查学生的历史思维能力、语言文字表达能力、收集和处理信息能力、创新能力等。

3. 历史调查

历史调查既是一种学习方式，也是一种学习评价方式。通过丰富多样的历史调查活动，可以考查学生综合运用历史知识分析和解决问题的实践能力。

保护环境，关注垃圾

一、主题的确立

环境与人类的生活息息相关。据统计：目前全国每年城市生活垃圾产量达 1.5 亿吨，并正以每年约 9％的速度递增。未经处理而堆积下来的垃圾量已达到 70 亿吨，侵占土地 8 亿多平方米。全国仍有 5600 万吨的城市垃圾堆放在郊区，2/3 的城市陷入生活垃圾包围之中，城市生活垃圾已经成为中国面临的最严重的问题。

我们每人每天都要生产很多垃圾，扔掉很多垃圾，我们对身边的垃圾注意过、关心过吗？于是，班主任引导学生由问题到课题，开展了"保护环境，关注垃圾"的班级活动。

二、活动目标

1. 通过活动了解垃圾的种类、成因、危害和治理等方面的知识，认识到保护环境的重要性，养成良好的卫生习惯和行为习惯，增强社会责任感。

2. 通过调查、采访、查找资料等实践活动，培养学生学会收集、处理信息的能力。通过实践活动，初步学会一些科学探究方法，发展创新思维能力，培养学生从身边发现问题，思考问题以及解决问题的能力。

3. 学生之间分工合作，增强他们团队协作精神，让学生在平等、自主的交流中，增强自信心，体验到与人分享的乐趣。

三、活动过程

第一阶段：选择确立主题，制订活动方案。

活动一开始，班主任播放了垃圾堆积如山等有关垃圾问题的录像。学生们感到很震惊，他们七嘴八舌地议论着在录像中所看到的。老师随机提问："环境问题正在受到越来越多的关注，城市生活垃圾已成为中国所面临的最严重的问题，大家对身边的垃圾注意过、关心过吗?"同学们都纷纷摇头并表示愿意了解有关来及的问题，于是我们确立了活动的主课题。

主课题确立后，同学们纷纷提出自己感兴趣的问题，经过一番激烈的讨论，从中选择归纳并确立了以下四个子课题，即垃圾的种类；垃圾越来越多的原因；垃圾给人与自然带来的危害以及垃圾的治理。

学生们根据自己的兴趣爱好、能力特长，选择了自己最想研究的子课题组成了四个研究小组，并在自荐和推荐的基础上选出组长，分配了小组成员的工作，制订了活动方案。

第二阶段：依据活动方案展开研究活动，筛选整理资料。

每一个小组根据各自的专长采用了不同的活动方式，有的小组通过上网图书查阅资料、拍照、录像，然后小组交流自己的感受，为汇报做准备；有的小组走进街头巷尾进行社会调查；有的小组将搜集到的资料用计算机制成精美的幻灯片；还有的小组根据身边的垃圾问题现状编排了童话剧、三句半等节目，直观地将人类与垃圾的关系呈现出来。。

第三阶段：成果汇报交流展示。

四个小组通过各种形式的汇报，展示了自我的才能，分享了他人成功的喜悦，最重要的是对垃圾有了更深刻的认识。同时，通过思维的碰撞，迸发出智慧的火花，产生出新的活动课题。

在成果展示中，老师鼓励学生进行了评价，并谈了在这次活动中的收获。许多同学写下了实践活动后的感想，现摘录如下：

"我是个爱动的学生，特别喜欢上综合实践活动课。我们像大人一样向过往的行人提问。我发现如果我们有礼貌，别人就会很认真地回答我们的问题。从而，使我们明白了要想得到别人的尊重，首先要尊重别人。"

"我是一名差生，为此我一直非常自卑苦恼。可是在这次实践活动中，由我负责制作的幻灯片得到了老师和同学们的认可和高度评价，也为我们小组争了光。参加这次活动不仅让我找到了自信，交到了朋友，而且学会了与人合作，这些都是我在其他课堂中学不到的。"

"我们小组编排了三句半，可是以前我们谁也不会打鼓，掌握不好鼓点，最后我承担了这项任务，经过刻苦练习，终于学会了打鼓。真正应了那句话——'世上无难事，只怕有心人'，今后遇到困难，我也要像这次一样战胜困难。"

……

第四阶段：活动的提升与拓展

经过一个多月的实践活动，学生们认识到要使我们生存的环境有所改善，要靠全社会的力量，而作为一名小学生，就要从身边一点一滴的小事做起。于是，孩子们决定举办一次主题为"保护环境，关注垃圾"的手抄报展，提醒每一名小学生自觉减少垃圾的产生，保护身边的环境，倡议同学们支持并宣传环保，让每个人都行动起来，争做环保少年。

海南省植被状况调查

一、课题的产生

人类在地球上出现以后，其生存和发展一直与自然环境和自然资源紧紧相依，人类的活动对环境的影响是巨大的，现在，环境保护成为世界公民关注的重大问题，人类不得不重视人与自然的和谐发展问题。在学生中如何进行有实效的环保教育，活动式、体验式的教育应是一种行之有效的方法。通过将学生置于一种主动探究并注重解决实际问题的学习状态，让学生通过自己的亲身体验来获得知识，丰富学生的学习经历，从而真正达到增强学生保护生态环境的意识。

众所周知，绿色植物在自然界中起着重要的作用。有关资料表明，城市居民每人至少需要10平方米的林木草地，才能呼吸到新鲜的空气。海南省是全国空气质量最好的省份，为了让学生了解植被在环境保护中的作用，了解海南的自然环境、人文地理和生态资源，在学校开展的"我与环保"实践活动中，提出了"调查海南省植被状况"这样一个参考课题。有十几位学生对此课题非常感兴趣，选择它进行调查研究。

二、活动的目的

知识目标：

1. 了解植被在环境保护中的作用。

2. 了解海南的自然环境、人文地理和生态资源状况。

3. 了解海南省植被面临的主要问题以及造成目前局面的原因。

能力目标：

1. 初步学会与社会交往，并逐步培养社交能力。

2. 学会用文献法、访谈法、实地考察法等多种调查研究的方法。

3. 培养学生在活动中发现问题、分析问题、解决问题的能力。

4. 学会对调查资料进行整理，撰写调查小报告的能力。

5. 培养学生合作学习、发展个性、展示自我的兴趣。

情感目标：

1. 引起学生对植被情况等环境问题的关注，增强学生环境保护意识。

2. 培养学生了解家乡、热爱家乡的情感，激发学生为建设家乡而出谋划策的激情。

3. 激发学生为建设绿色宝岛而出谋划策的激情。

4. 通过调查研究活动，对自己的调查研究成果有喜悦感和成就感，在活动中感受合作与交流的乐趣。

三、活动准备

1. 由 15 位同学作为活动主体，成立研究小组。

2. 教师开一次指导动员会，对学生的调查提出活动建议和注意事项，为学生提供可查阅的书籍和网站，对学生进行活动安全教育。

3. 由于学生的兴趣和能力不同，按自主自愿原则，生成研究子课题："热带雨林"、"绿色长城——海防林"、"城市绿地"、"红树林"。

4. 准备工具：笔记本、笔、照相机、电脑（查阅资料、制作汇报课件）

四、活动实施过程

（一）调查研究

1. 组织学生参观生物多样性博物馆，建议学生就相关问题请教生物专家。

2．组织学生听环保局专家的环保讲座。

3．建议学生利用"五一"假期到林业部门访问咨询或外出实地考察。

4．启发学生根据选题，有针对性从图书馆、报刊、杂志、互联网搜集资料。

5．教师指导学生运用图片、图表、数据整理分析资料，指导学生用自己喜欢的方式完成调查报告。

6．鼓励学生为了保护我省植被提出倡议或合理化建议。

7．撰写调查研究报告。

（二）总结评估

总结与评价有助于学生回顾、梳理整个研究过程，掌握探究方法，找出成功和失败的原因，进一步体验探究的乐趣，还能使教师了解学生个性特长、思想状况和心理愿望等，为激励学生的发展营造一个平台。

1．指导学生填写好活动调查报告表，进行自我评价，记录收获、感受和不足。

2．发动家长参与、指导、关注孩子的调查情况，并对孩子的调查研究进行评价。

3．指导教师对学生的调查研究全程参与指导，对学生撰写的调查报告提出修改建议，鼓励学生用多种形式汇报自己的研究成果。教师对学生的研究过程进行评价。

4．指导学生积极参与学校举办的成果展示交流会，利用电脑幻灯片、照片、倡议书等进行展示交流，通过学生回顾研究经历，谈研究感受，让学生得到深刻的教育。

五、学生的收获和感受（摘录）

"这次活动，使我对海南自然生态和植被破坏、变化的情况有了全面的了解，在实践中我亲身体验到学习的乐趣，增加了保护植被、绿化家乡的意识。同时也为自己经过努力得到的成果而倍感自豪！"

"我体会到海南岛的美丽，我们要一起努力让海南成为中国的一颗璀璨的明珠。"

"保护好我们的绿色长城——海防林，是我们每一位公民的责任。"

"地球是人类生命的摇篮，理应得到人类的悉心呵护。我们要协调人类与环境的关系，必须依靠全人类的共同努力，必须从我做起，从每一件小事做起。"

六、指导教师体会

通过一个多月的调查实践活动，学生们虽然没有什么惊人的成果，活动的过程中也遇到了一些困难，但学生们从调查中，提高了收集整理资料的能力，学会了调查研究的方法，拓宽了自己的知识面，体会到探索研究的乐趣，懂得了交流与合作。更重要的是，经过了这次活动，在他们的心中深深地种下了"保护植被，绿化家乡"的种子。在一定程度上，提高了学生作为一个社会人的责任感。这是对他们的终身发展有益的，对我们民族的未来有益的。

第三节　科技活动

班级科技活动的内容丰富多彩，不受课堂和书本的局限，可以从广阔的自然界和繁杂的社会中去获得知识、信息、技能。通过活动能发展学生的个性，提高他们的思维能力、动手能力，并能培养他们的创造性，是传播科技信息的另一条重要渠道。

一、科技活动的类型

1. 种植活动

班级活动都有一个与活动密切相关的鲜明的活动主题，以及多种紧密围绕主题的活动形式。种植的多样性也造就了活动内容的丰富性，如种绿豆、大蒜、仙人掌、小麦、西红柿等。让学生体验科学过程，从而启迪智慧，培养动手能力。种植活动按地点可分为室内种植和室外种植两类。

2. 实验活动

实验活动也是学生乐于从事的实践性活动之一。学生通过从事力所能及的实验活动，进行实验研究，从中直接获得感知、技能和乐趣方面的发展。

实验的基本特征是有意识地控制其他变量，改变某种变量，探寻改变变量和结果之间的因果关系。科学实验可以分为验证性实验、模拟性实验和探究性实验。在班级科技活动中，应大力提倡探究性小实验。探究性小实验有的可以在课堂上完成，有的可以让学生在家里完成，或者是在家里完成前期性工作。

3. 制作活动

科技活动中的制作活动符合儿童爱玩、喜欢动手的天性，因此比较适合在小学生中开展。该活动是在教师指导下，学生使用工具、设备，通过仿制或重新设计、独立加工制造成品的活动。科技小制作是一项很有益的课外活动，能充分发挥学生的潜在能力，激发学生的求知欲，提高学习的积极性，进而提高学生的技能和应用知识的能力，有利于学生素质的全面提高。

4. 发明活动

班级科技活动中的发明活动是培养学生创造意识、创造精神和创造能力的途径之一。在发明活动中，学生能够逐步明确什么是发明创造，认识发明创造的意义，从而萌发发明创造的意识。发明活动是开放性活动，它不受教学大纲和教材的束缚，也不受时间、场地、设备等的限制，并且每一次活动都没有固定的答案，学生可以在这个广阔天地里纵横驰骋，这样有利于培养他们的创造精神。

5. 设计活动

这是一种介于制作活动和发明活动之间的一种活动类型，它提出设计要求，并提出一定的限制条件，要求学生按照要求，收集相关资料，在老师的指导下设计图纸，成为作品。这一类活动为学生活动留出更大的空间，也提出了更高的要求，广泛受到学生的欢迎，对于全面提高学生的科技意识、思维能力、创新能力都十分有益。

二、科技活动举例

小番茄种植活动

一、活动目的

通过到蔬菜研究所参加实地种植活动，让学生走近社会，贴近自然，靠近生活。引导学生从社会、自然、生活中选择感兴趣的问题去探究，增进学生对社会、自然、生活的认识，使学生获得对社会、自然和生活的亲身体验与真情实感；让学生体验自我与社会、自然、生活的关系，感悟自我与社会、自然、生活之间的内在联系，使学生的认知水平、知识结构、技能技巧、情感意识都获得和谐统一的发展。

二、活动内容

1. 学习种植和管理农作物的方法。

2. 各小队分组种植一些农作物。

3. 参与管理农作物（浇水、施肥、除草等）。

4. 在活动过程中不断交流，撰写活动感受。

5. 建立档案袋，实行综合评价。

三、活动准备

1. 选择一块便于开展活动的农田。

2. 小铁铲、小叉、浇水桶等农具，番茄苗。

3. 档案袋式记录簿。

四、活动流程及设计意图

第一阶段：参观学习，组建小队。

组织学生到蔬菜研究所参观，请研究所的园艺师介绍有关种植的常识，初步了解蔬菜的种植方法。

全班学生分成若干个小队，每队4～5人。

第二阶段：制订计划，明确任务

活动计划的制订可以有多方面的参与，如教师、家长、学校和学生。

家长——取得家长的支持是活动成功的关键之一。家长可以为学生参加活动提供一些生活上的帮助，如衣物、鞋帽等，还可以给学生加油鼓劲。

学校——主要是课务安排方面，这样的活动最好在周五下午进行，因为在活动中学生体力的消耗还是比较大的，两个休息日可以帮助学生调整好身体状况。

学生——分小队撰写计划。可以是活动内容方面的，如观察番茄苗，看看它有什么变化，及时记录下来；可以是课题研究方面的，如经过观察，看看番茄苗喜欢什么样的生长环境；还可以是查找资料方面的，如在网上或书上查找番茄苗的资料；等等。计划中还应包括分工情况、注意事项。如有条件还可以聘请技术指导。

第三阶段：具体实施

学生分小队开展种植活动。

第四阶段：交流汇报，总结提升

研究蚂蚁

一、实验目的

以学生感兴趣的小动物作为研究对象，通过观察、实验、记录和思考，激发学生自行探究和热爱大自然的情感；通过在活动中相互交流、倾听其他伙伴的想法和建议，培养与他人合作的团队精神。

二、实验提示

1. 会用文字和图画等方式观察记录蚂蚁的行为特征。

2. 会用简单表格统计、整理蚂蚁的食性等情况。

3. 能对蚂蚁的各个方面提出自己感兴趣的问题，并选择适合自己研究的问题进行探究。

三、实验准备

1. 抓蚂蚁的工具材料等。

2. 供蚂蚁选择的食物，如糖、饼干、面包、鸡蛋、苹果皮等。

3. 供实验用的放大镜、水盆、抹布等。

4. 供交流用的实物投影仪。

如何创造性地开展班级活动

四、实验过程及设计意图

第一阶段：激发兴趣，提出问题

1. 介绍各组带来的实验材料。

2. 带领学生到校园内去抓蚂蚁，目标是抓到 10 只以上的蚂蚁。

3. 交流汇报：在哪里抓到的蚂蚁，这些蚂蚁是什么样的。

让学生把要汇报的内容先在纸上进行记录，然后再交流。交流的要求是表达清楚，语言简洁，声音响亮。

4. 你还想研究蚂蚁的哪些问题？

先让每个学生提，教师在黑板记录，再引导学生找出其中感兴趣的问题自由组成小组。

5. 按新的小组进行讨论，准备怎样研究大家感兴趣的问题，需要准备哪些材料和工具。

第二阶段：制订方案，实验探究

1. 制订研究计划

按自己选定的小组设计研究方法等。

每个小组的记录纸包括下面一些内容：研究问题，研究经过，研究发现和结论。

2. 动手研究

学生按各自选定的问题、制订的计划进行研究，教师参与到小组中去提供必要的、适时的帮助。

第三阶段：交流汇报，总结提升

把研究的成果向大家进行交流汇报，汇报的要求（也是让学生评价的依据）：表达清楚，语言简练，富有特色。

汇报形式可采用个人和集体汇报相结合。汇报完后，在座学生进行提问或评价，最后教师综合大家的评价，给出该小组最后的成绩。

餐巾折花

一、设计理念

以餐巾折花作为研究对象，在自由实践过程中，通过学生实践探究、交流反馈，发现一些小窍门，遇到困难能激发学生自行探究和热爱大自然的情感；通过在活动中的相互交流、倾听其他伙伴的想法和建议，培养学生与他人合作的团队精神。

二、活动目标

1. 通过自己探究折法，培养学生自主获取知识的能力。

2. 通过小组探究培养学生的合作意识、创新精神和探究能力。

3. 在餐巾折花美的欣赏和美的创作陶冶中，激发学生热爱艺术的情感。

三、活动准备

学生准备：手绢或口布一块。

教师准备：餐巾折花图片若干，餐巾折花图像资料，口布餐巾若干，鲜花，花瓶，竹筷子等。

四、活动流程及设计意图

第一阶段：激发兴趣，提出问题

出示餐巾折花图片若干。

让学生谈谈印象最深的花样，激发学习餐巾折花的兴趣。

第二阶段：尝试实践，探究方法

学生情况调查：有谁会餐巾折花？你是从哪儿学的？

根据学生情况，如果没有学生学过，那就参照餐巾折花的图片，让学生试试；如果有学生会做，那就分到各个小组做小老师，自己动手试试。

第三阶段：交流展示，总结提升

1. 学生把各自的作品先在小组里向大家展示，并作介绍。然后每组推选一个代表作全班交流。

2. 各组推选出的代表向全班作介绍，让其他同学对印象最深的餐巾

如何创造性地开展班级活动

折花做简单评价。

讨论：你们遇到什么困难了吗？解决了吗？你是怎样解决的？你们有什么好方法或小窍门？

第四阶段：联系实际，组合创新

1. 看图像资料，进一步学习餐巾折花的方法。

组合创新：布置一个美丽的餐桌。

要求：以小组为单位，先商讨一下选什么主题，再确定如何布置。

提示：可以用庆功宴、朋友聚会、生日宴、婚宴等作为主题。

2. 学生分组实践。

展评发奖：当各个小组布置完毕后，全班学生自由参观，每组选出两个最喜欢的餐桌，教师最后综合大家的意见，评出优秀奖、创意奖。

延伸：回家后用今天学到的本领，给爸爸妈妈一个惊喜。

魔力眼睛车

一、设计由来与活动目标

晚上行走时，汽车的大灯常常照得我们的眼睛睁不开，驾驶员肯定也有这样的感觉，那么交通安全就会存有隐患。本次活动的目标就是用机器人对近灯和远灯进行自动控制，从而减少或避免晚上因灯光引起的交通事故。

二、活动目标的分解与落实

第一阶段：初步认识机器人技术。

第二阶段：认识机器人的大脑，学会编写几个简单程序。

第三阶段：发明创作。各小组制作一辆机器人小车，具备以下功能：远近灯自动装置，模拟自动驾驶，红绿灯自动感知装置。再制作一个大风车停车场。

第四阶段：汇报交流。

第五阶段：改进与评比。

三、确定小组

四、画图纸

根据小车的主要功能画出小车的基本形状，标出主要零部件的安装位置、小车的大小尺寸等，并给小车命名为"魔力眼睛车"。再画出大风车停车场的图形及周边简单的环境图。

五、制作样品

按照上述图纸及功能搭建小车及停车场，编写相关程序。然后对编有程序的机器人小车不断调试，完成上述功能。

六、交流汇报，总结提升

把各组制作的"魔力眼睛车"进行展示、汇报，其他学生进行评价。

第四节　文艺体育活动

班级文体活动是班级活动的重要组成部分。事实证明，在班主任的带领下，引导和鼓励广大中小学生积极参加形式多样、生动活泼、健康向上的文娱体育及文化艺术活动，对促进中小学生的全面发展和健康成长有积极作用。

丰富多彩的文体活动不仅可以培养学生的创新能力、实践能力和自觉锻炼身体的习惯，而且能够促使集体目标的实现、集体纪律的规范、学生间友谊的发展，在一定程度上标志着集体的形成、发展和巩固。

一、文艺体育活动的类型

1. 班级文艺活动

班级文艺活动是指学校通过健康的文化艺术娱乐活动对学生进行熏陶和教育，以发展学生的美感和健康心理品质的教育形式。班级文艺活动的开展为学生提供了自我展示的舞台，在班级文艺活动中，学生的活动能力得到提高的同时，也陶冶了情操，发展了个性。

班级文艺活动的形式很丰富，一般来说，主要分为班级联欢会、文艺演出、集体舞与歌咏等。班级联欢会包括文艺晚会、生日联欢会、节日联欢会、毕业联欢会等。文艺演出的形式是丰富多彩的，如相声、小品、舞蹈、唱歌等。集体舞与歌咏活动也比较受学生的欢迎。

2. 班级体育活动

班级体育活动有健身性活动和竞技性活动之分。健身性活动是自觉地和创造性地按规则完成，它不仅对身体的发展有很大的意义，而且对智能的发展也有重要的影响，可以使参与的学生认识周围环境，发展思维，培养主动性、创造性，在克服困难中养成集体主义品质。竞技性活动比较复杂，活动的人数和规则都有严格的规定，参与者要根据规则斗智、斗勇。竞技性活动是健身性活动发展的高级形式。

二、文艺体育活动举例

"六一"的彩花

一、班会目的

通过本次班会活动，丰富学生的课余生活，增加对花的了解，特别是激励和培养学生奋发向上、不断进取的精神，使他们成为优秀的少年儿童，成为祖国的希望之花。

二、班会准备

1. 选定主持人和扮演角色，并进行排练。

2. 录音机或者影碟机一台，《红领巾之歌》、《前进，快乐的少先队员》歌曲磁带各一盒（CD也可）。

3. 黑板上书写"'六一'的彩花"五个美术字。

三、班会程序

班长宣布主题班会开始。

学生甲：春天是花的季节，祖国大地百花争妍。

学生乙："六一"是我们的节日，彩花争艳。

学生甲、乙（合）：在这快乐的节日里，我们献上一束束绚丽多姿的彩花，展示我们的进步与成长。

学生甲：这一束束彩花是少先队员亲手培育的。

学生乙：这一束束彩花，是祖国的花朵向党和人民献上的最香、最美的花中之花。

学生甲：为了扩大同学们的知识面，我们邀请了三位园林专家来参加我们的彩花评比大会。

学生乙：瞧，那不是我们红领巾彩花园的园长圆圆同学吗？她正陪三位专家步入会场，大家热烈欢迎！

圆圆：我是红领巾彩花园园长，名叫圆圆。现在我向大家介绍三位贵客（由同学扮演）：这位是被誉为国树的银杏爷爷；这位是被誉为国花的牡丹仙子；这位是被誉为国香的兰花姐姐。

银、牡、兰：亲爱的少先队员们，你们好！

银：我活这么大岁数啦，还是头一次参加"六一"活动，心里很高兴。

牡：我参加过许多节日联欢庆祝活动，而参加"六一"活动使我最快乐。

兰：圆圆，那就快带我们去彩花园赏花评花吧。

圆圆：银杏爷爷，我们的名花精品今天都汇集到这儿啦，就等着向你们汇报，接受你们的考评呢！

牡：那真是好极了。

兰：在"六一"节里，你们用自己培养的彩花来为节日添美、添乐，那比用我们家族的花卉来装点节日气氛更有趣，更有意义。

牡：不过要使你们的彩花品种能列入我国花谱之中，还必须经过严格的挑选和鉴定。我们今天的考评方法是比较、优选中标法，看你们的彩花能不能获园林国颁发的奖状和证书。

圆圆：这样我们还能从中了解大自然更多的美，和更多的鲜花交朋友。

牡：那就由我先来提问吧。

银、兰、学生乙退场。

牡：一年 12 个月，我们月月有花卉。

学生甲：那就请你先给我们介绍这 12 位花朋友吧。

音乐声起，12 位头戴不同花饰的同学鱼贯而出，以不同造型纷纷亮相。

牡：圆圆，你知道他们的名字，何时该开什么花吗？

圆圆：你是一月迎春花，你是二月杏花，你是三月桃花，你是四月蔷薇花，你是五月石榴花，你是六月荷花，你是七月凤仙花，你是八月桂花，你是九月菊花，你是十月芙蓉，你是十一月水仙花，你是十二月梅花。

圆圆每说对一种，花儿就快活地点头。

牡：小圆圆真不简单，全被你认出来了。那么你们彩花园的花能与他们比美吗？

圆圆：能，12 朵彩花快上来，牡丹仙子要与你们见见面。

12 朵彩花随音乐声出场后，自我介绍：

我是一月勤学花，我是二月迎新花，我是三月文明花，我是四月探春花，我是五月美育花，我是六月幸福花，我是七月朝阳花，我是八月红星花，我是九月尊师花，我是十月自理花，我是十一月科普花，我是十二月孔雀花。

牡：这真是月月有活动，月月有目标，月月有提高，彩花盛开月月红。

音乐声起，12 个花仙与 12 朵彩花跳起舞蹈。

学生乙：兰花姐姐，你的考题是什么？

兰：我的题目有点难，恐怕你们答不上来。

学生乙：你别瞧不起我们这些小小园艺师，"公关不怕难"可是我们的看家本领。

兰：那请你们说说我们花卉家族中有哪五种特异功能？

学生乙：这……，还是请你给我们介绍介绍吧。

兰：这五种特异功能是：一会报警，二会报时，三会报雨，四会发光，五会变色。

如何创造性地开展班级活动

学生乙：真有这些奇特的本领？

兰：（手拿相册，一幅幅地介绍），这是开在火山上的报警花，火山爆发前，它就开出美丽的花朵，警告人们马上离开危险区。这是报时花，它有好几种颜色。每天早晨8时左右开出淡黄色的花，中午12时开出橙红色蝶形花，下午6时开出灰色烛形花。

学生乙：那人们不用看钟表，就能知道是几点了，真是太有趣了。

兰：这是报雨花，当空气中湿度升高，报雨花的花瓣就萎缩包卷起来，告诉人们出门要带雨具。当空气湿度降低时，它又重新舒展花瓣，开得特别精神，告诉人们雨停止了，天气由多云转到晴。

学生乙：报雨花真是一名出色的气象预报员。

兰：这是夜王后，花蕊中会发出亮光。这是变色花，它从花开到花落，一朵花的花色会由淡红色渐变成白色、粉红色、大红色、玫瑰色这五种颜色。

学生乙：兰花姐姐，你们花卉家族的特异功能真是太奇妙了。

兰：看来你们彩花园的花比不上我们了吧。

学生乙：请你先别下结论。我们也精心培育了五种特异功能更强的"五自"花。

兰：那就快让我欣赏欣赏。

学生乙："五自"彩花快上来，兰花姐姐要和你们见见面。

众彩花齐说："我们来了。"

音乐声中五位同学胸前挂五种不同的花标走上台来。

兰：我参加过许多次全国性的大型花展，到过许多花圃，可从未见过这种花，他们究竟有什么独特的功能呢？

学生乙：那就请听他们的介绍吧！

我是一朵"自力"花，自己的事情自己做；

我是一朵"创造"花，自己的活动自己搞；

我是一朵"互助"花，自己的同学自己帮；

我是一朵"争气"花，自己的进步自己争；

我是一朵"建业"花，自己的事业自己建。

兰：不简单，不简单，"五自"花开超群芳。

银：我国有许多名花异卉，你们的彩花要进入我们的花卉族行列，还得和我们的十大名花比一比。

圆圆：我想，我们的彩花珍品定能与你们比美。为了向"六一"献礼，我校已经评出"十大名花"：

礼貌花　守纪花　友爱花　卫生花　进步花

活泼花　健康花　勤劳花　求知花　爱校花

下面请看他们精彩的汇报表演。

同学们接二连三地上台，用小品、体育表演、劳技操作表演、朗诵、小话剧等各种形式汇报这十个方面的成绩。

圆圆：银杏爷爷、兰花姐姐、牡丹仙子，请将评选结果告诉我们吧！

银：好，我代表名花评选委员会宣布，同意将你们彩花园的名花列入花卉家族的名花谱之列！

学生全体鼓掌。

学生甲、乙：在这快乐的日子里，让我们用歌声来表达我们永远进取的决心吧！

全体同学唱起《前进，快乐的少先队员》。

课间休息我做主

一、活动目的

教会学生在课间做一些安全、有趣的游戏和体育活动，以帮助休息，从而能轻松愉快地投入到下一堂课中。

二、活动准备

1. 教师准备

在学生中调查、搜集各种有趣的游戏及其规则。

2. 学生的准备工作

以小组为单位去搜集几种小游戏：可以向父母询问他们儿时的游戏，可以向高年级同学或其他人请教，也可以自编游戏。选好其中一种后做好表演的准备。

班委在活动开始前串联好各节目，做好教室的布置工作。

三、活动过程

1. 节目开始时由小品《带你参加快乐十分钟》引入

声音背景："丁零零……"下课铃声响起。主持人甲、乙上场。

甲：（伸个懒腰，懒懒地趴在课桌上）唉！下课了也只能傻坐着，真无聊！

乙：是啊！（也重重地趴在了课桌上）

主持人丙欢欢喜喜跑上来拉起他们俩的手，说：叹什么气啊，自己不会玩吧？走，带你们去瞧瞧我们的快乐十分钟。

2. 在小品中介绍游戏

（1）第一小队游戏表演"跳皮筋"上，并变换着花样兴高采烈地跳着。

主持人丙：瞧，他们玩得多起劲啊！咱们也过去看看。

甲、乙跑过去：××玩什么呢？

队员A：我们在跳橡皮筋，想学吗？跟我一起跳吧！

甲、乙跟着A上去学一种跳法。（音乐响起，全体同学配上儿歌：锄禾日当午，汗滴禾下土……）

（一种跳法结束）

甲：同学们，你们有什么跳橡皮筋的新花样吗？也上来展示展示，好让我们学一招。有新跳法的队员请上场。

乙：没想到跳橡皮筋还有那么多的花样，真有意思！

丙：好玩的还在后头呢！跟我走吧。

（2）（准备"乌龟抢四角"的小队已在一旁玩开了。跳橡皮筋队下）

乙跑到他们身旁，兴奋地说：××你们干吗呢？

队员B：你先看我们玩一阵子，如看不出名堂我再告诉你，这可是我爸教的噢！（该小队开始"乌龟抢四角"的游戏表演）

乙：你快介绍啊？我看不懂！

队员B：同学们有谁看懂了？帮我们介绍介绍吧！请在座同学介绍。

（见活动资料 1）

（3）游戏"我们都是木头人"

丙：同学们还有什么好玩的？快给大家介绍介绍吧！（在座同学以小队为单位介绍 1～2 种游戏）

甲：我也想起一种很好玩的游戏——我们都是木头人。同学们谁会？我们一起在这里乐一乐！（由甲介绍该游戏并和同学们一起表演）（见活动资料 2）

3. 配乐儿歌朗诵——《丁零零，下课了》（见活动资料 3）

甲、乙：我们玩得好开心噢！

丙：就让你休息休息，听首儿歌吧！

（表演朗诵的同学上）

4. 在主持人的带领下继续感受快乐十分钟。

甲：刚才的游戏真有趣！可我们有几个女生不喜欢跑跑跳跳，岂不是没趣？

丙：怎么会呢？瞧！她们也玩得很开心呢！

（1）"抓沙包"游戏介绍。

乙：这几个小沙包能玩出什么花样啊！

队员 C：我们玩给你看吧！

（边玩边介绍游戏）（见活动资料 4）

甲、乙（齐声）：真神了！看看也过瘾。

丙：还有好多同学能玩出各种花样呢！谁来露一手，让他们俩开开眼界？

（同学自愿表演）

乙：那沙包怎么做啊？

队员 D 介绍。（见活动资料 5）

（2）"算手指赛"介绍。

乙：回家我也要做做。

甲拉乙走：瞧，那几个同学就用一双手在玩什么呢？

丙：他们在进行"算手指赛"。看谁两只手所代表的数最先达到 99 就成为冠军。××你们快过来玩给大家看看吧！

队员E、D互玩：1+1等于……（游戏介绍见活动资料6）

甲、乙：原来课间十分钟可以玩得那么多姿多彩！××谢谢你，今天我们不仅高高兴兴乐了一番，而且还新学了很多的游戏呢！我建议课后我们每人写一篇有关游戏的介绍。

丙：那当然！我们不仅写，还唱着呢。

6. 全班齐唱《快乐十分钟》。

7. 辅导员讲话，活动结束。

四、活动资料

1. 游戏："乌龟抢四角"

该游戏由五人一起做，扮作乌龟的同学要在四个角上的队员互换位置时去抢占任一个角的位置，否则就一直为乌龟。四角队员于一定时间内一定要换位，若位置被抢占就要站在中间当乌龟。以此轮换进行活动。

2. 游戏："我们都是木头人"

此游戏人数可多可少，游戏者齐念此类游戏的儿歌，如"不许说，不许动，我们都是木头人"等，然后各自采取一种自认为最有意思的姿势站立不动，第一个动者就算输，要被罚表演。

3. 儿歌：《丁零零，下课了》

丁零零，操场上，真热闹！

玩跳绳，踢毽子，女生一起跳舞蹈。

男生你们别打闹，遵守纪律别乱跑。

我们共同做游戏，互助友爱团结好。

丁零零，上课了，学校操场静悄悄。

教室传来读书声，认真学习最重要。

4. 游戏："抓沙包"

（1）在桌面上丢开沙包。（2）拿起其中一个沙包向上抛。（3）趁向上抛的沙包未落到桌面上前，抓起桌面上的第二个沙包，并同时接住刚才向上抛的沙包，依此类推，抓起第三个沙包。（4）如果三个沙包被同时接住，就再将它们同时往上抛。此时，应将手掌迅速翻过来，使三个沙包均

第六章 班级活动的类型举例

落于手背上；然后再往上抛，若能同时接住三个沙包，游戏就算成功。（5）如果被抛起的沙包没被接住，或者桌面上的沙包没被抓起，就结束游戏，轮到其他人开始。（6）此游戏2～4人进行比较合适。

5．介绍：做小沙包

准备一块长10厘米、宽5厘米的布，对折缝成一个正方形的布袋，在布袋内装上沙子，最后缝上口子就是一个小沙包。

6．游戏："算手指赛"

两人开始时两手都为"1"，以敲打对方手指为加的方式，轮流进行，手指表达方式最先达到"99"者为胜者。

如何创造性地开展班级活动

第五节 心理辅导活动

在欧美国家，心理辅导工作大多由专业的学校心理咨询工作者担任，着眼于解决个别学生心理的矫治性目标。而我国中小学的心理健康教育，一开始就寻求与学校教育目标的融合，以发展为主、矫治为辅，主要任务是提高学生的心理素质，促进他们的心理健康。

一、班级心理辅导的基本概念

班级心理辅导，是以团体心理辅导及其相关理论与技术为指导，以解决学生成长中的问题为目标，以班级为单位的集体心理辅导的活动形式。

1. 班级心理辅导活动不同于一般的班级主题活动

其一，班级主题活动的范围比较广泛，包括德、智、体等，而班级心理辅导的范围比较集中，主要围绕学生的心理健康。其二，班级心理辅导活动的设计需要有系统的心理辅导理论框架和专门的技术支持，而班级主题活动设计不一定有理论结构。其三，班级心理辅导往往是以学生的成长作为活动主题，如学习困扰、人际交往、青春期问题等；而班级主题活动则既可以围绕学生个人，也可以围绕社会。它作为学校德育的一种形式，更具社会取向。

2. 班级心理辅导活动不同于团体辅导

团体辅导的规模比较小，一般在 6～12 人之间，成员的构成可以是同质的，也可以是异质的。班级心理辅导是以班级为单位，规模比较大，成员不可能是同质的。从辅导目标来看，团体辅导可以是发展性的，也可以是矫治性的，一般需要专业人员承担，班级心理辅导则主要是发展性的，可以由受过一定培训的教师承担。

3. 班级心理辅导活动不同于心理辅导课

在内涵上，班级心理辅导同心理辅导课程较为相近，不同的是心理辅导课程是以"课"的形式进行，而班级心理辅导也可以在课堂以外进行，时间和空间更为灵活。在广义上说，班级心理辅导活动可以包含以体验自悟为核心的心理辅导课，以及渗透心理健康教育的各种班级活动。

二、班级心理辅导活动举例

走出高考迷途

一、活动目的

1. 缓解学生思想压力，避免精神上出现问题。

2. 协调考生和父母的关系，减轻学生思想负担。

3. 倡导一种积极的人生观，不"吊死"在高考一棵树上。

4. 培养学生正确认识个人得失的能力，养成处事不惊的大将风度。

二、活动准备

1. 邀请部分往届高考状元回来谈经验。

2. 联系好部分家长参加，最好是家长都来，一起参加活动。

3. 把班主任掌握的资料发给学生，在高考之前不要花费学生更多的时间找资料。

如何创造性地开展班级活动

4. 邀请部分学生担任"教育专家"回答问题。

三、活动过程

主持人合：现在，我们的主题班会"备战高考"正式开始！

主持人女：高考可以实现我们的梦想。可是，高考毕竟是一种选拔性的考试，在我国，目前还不能够保证所有的考生都有机会在好的大学学习，那么，必然有一部分人要被考试所淘汰。

主持人男：那么，哪些同学可以成功地到达胜利的彼岸呢？下面，请听专家的发言。

1. 专家发言：决胜高考需要闯过"八关"（略）

主持人女：仔细想一想，这不是八关，而是对我们高三考生的八个要求，要求我们在最后这一年的学习中，做好这八个方面。我相信，只要我们做到了这八个方面，我们就能够在高考中获胜。同学们，让我们用热烈的掌声，感谢专家们的提醒！谢谢！

主持人男：现在有的同学说，离高考还有那么久的时间，就这么认真，有必要吗？今天我就玩一下吧，反正就浪费那么几分钟，更何况高考也不差这几分钟嘛。是啊，看起来是有道理啊！我们反对过分紧张，但是这浪费也就是那么几分钟的想法，却是对自己的放纵。

主持人女：仔细想一想，是啊，生活中没有多少时间可以供我们无聊地浪费了。哪怕一分钟，也能够做很多事情。下面，请听小故事《一分钟能够做多少事情》。

2. 小故事：一分钟能够做多少事情（略）

主持人男：什么时候学习为最好？怎样学习为最好？越到高考临近，我们有些同学就越紧张，结果原来的生物钟全部被打乱，一下子倒不知道怎么办了。

主持人女：高考之前究竟该怎样调整好自己的生物钟呢？请同学们听一听上届高考状元×××的发言。

3. 上届高考状元谈经验：高考前要及时调整好生物钟（略）

主持人女：别人成功的经验是可贵的，它可以缩短我们总结经验的时间和减少获得经验的代价。

主持人男：古人有句话说得好，工欲善其事，必先利其器。掌握科学的方法，有助于事半功倍地学习。那些真正的高考成功者，其实不是死读书的人，也不是纯粹用时间堆出来的书呆子。他们有的是符合个人特点的好的学习方法。下面我们再请上届理科班的尖子考生给我们传授高分秘诀！

4. 理科尖子传授秘诀：做好有个人特征的"考前必读"（略）

主持人男：我们感谢前面两位同学给我们做的精彩发言，下面，我们邀请上届我们学校语文单科状元×××来给我们讲一讲语文该如何备战高考。

5. 语文单科状元发言：高考作文备考应走出四大误区（略）

主持人女：是啊，讲着这些令人美慕的好方法，我们发现，下面有些同学感到紧张了。同学们，你们是不是感到高考有压力呢？

主持人男：其实，高考的压力不仅仅来源于我们考生本人，还来源于我们的家庭。下面，我们将请专家给我们的爸爸、妈妈提个建议，减轻学生压力，家长也有责任，他们也能够主动介入的。下面，就请大家听专家发言。

6. 专家发言：家长如何帮助考生减轻压力。（略）

主持人男：考试焦虑并非都是坏事。有些同学特别担心自己在考试中出现焦虑，甚至稍有紧张就担心得不得了，以为大祸临头，所有的注意力都集中到如何消除紧张上，结果越陷越深，以致无法自拔。

主持人女：其实，任何焦虑都是一把双刃剑，考试焦虑也是如此。下面，我们请心理专家告诉我们如何做好考前的自我心理调节。

7. 专家发言：如何做好自我心理调节（略）

主持人男：在日常生活中，我们常常会遇到这种情况：虽然经过日复一日的练习，然而在紧要关头却突然口吃、语塞，大脑一片空白，平时训练中学到的东西在瞬间化为乌有。

主持人女：过去，专家们一直指责这是焦虑不安之过，他们认为正是紧张的心情才导致了关键时刻大脑一片空白。但是，美国两位心理学家近来却提出了另外一个理论：这都是注意力过于集中惹的祸。那么，我们怎样才能够避免临场怯阵现象的发生呢？下面，请这方面的专家来给我们讲一讲控制临场怯阵的做法。

8. 专家发言：如何控制临场怯阵（略）

主持人女：培养一个人的平常心态很重要，因为平常心态可以很坦然地看待个人得失，不能够强求的不会强求，失败了也不会过于伤心。这样的人可以坦然面对成功和失败。

主持人男：高考过后，一切都结束了。啊，可以放松了！真舒服啊！

主持人女：是啊，真正地轻松后，我们同学们马上发现，现在没有任何压力了，也没有任何任务了，生活竟然变得十分无聊。原来紧张的学习虽然苦，却让我们充实着。

主持人男：现在没有压力，该怎么办呢？下面，我们先来看一看德国的学生假期做些什么吧，也许会对大家有所启发。好，现在请大家欣赏电视纪录片《德国学生的假期》。

11. 播放电视纪录片：德国学生的假期（略）

主持人女：我相信，看完纪录片后，很多同学对自己在高三这个特殊的假期，有了崭新的安排。那么，在这里，我预祝同学们假期愉快。

主持人男：高考结束后，高三学生将经历人生中最重大的一次变化，有的金榜题名，春风得意；有的名落孙山，一蹶不振。因此，为学生搭建由学校通往社会的桥梁，帮助学生平安走过惶恐期很有必要。

主持人女：在这方面，我们的班主任最有发言权。现在，请我们的班主任来给我们讲一下高考之后的路究竟该怎么走。

四、班主任总结：高考以后的路怎么走。

赶走嫉妒心

一、活动目的

帮助学生认识嫉妒心理的表现及其危害，使学生正确看待别人的优点，培养健康的个性。

二、活动准备

1. 了解学生中因为嫉妒而损害友谊、影响进步的典型事例。

2. 虚构的学生周记一篇，内容是反映嫉妒心理的。

三、活动过程

1. 导入课题

（1）同学们，老师今天想给大家念一篇周记。这篇周记反映的问题很有代表性。大家可以边听边想，这位同学为什么苦恼？你是否也曾经有过类似的苦恼？

（2）朗读周记

我和王涛是好朋友。但是，这两天我发现我们俩的关系开始变坏了。想起来还是为了参加数学奥林匹克竞赛的事情。从小学六年级开始，每次班里要推荐同学参加各种比赛，我和王涛总是榜上有名。我们一起参加培训，一起回家准备，相互帮助，相互鼓励，又总是双双得奖。有时他的成绩比我好，有时我的比他好。当得知获奖的消息时，我俩拉着手唱啊跳啊，甭提有多开心了。

可是这一次，不知为什么，他参加了数奥竞赛，我却落选了。看着他专心致志地解答赛题，看着他神采飞扬地参加辅导，我痛苦，我难受，心里总好像憋着什么似的。整整一个星期了，我总是极力躲避他。我不想跟他说话，甚至不想看到他的身影。有时我仿佛觉得他好像做了一件对不起我的事，他好像欠了我什么。我难过得吃不下饭，睡不好觉，上课也经常走神。为这事，我苦恼不已，我该怎么办？

（3）讨论揭题

这位同学表现出来的是一种什么心理？

2. 解剖嫉妒心

（1）准备一张白纸，要求每个同学在纸上写一种嫉妒心的表现，尽量不重复，而且要真实。可以写自己的表现，也可以写别人的，但都不要署名。

（2）把写好的纸用图钉按在墙上，然后组织全班同学观看。

3. 矫正嫉妒心

（1）老师：嫉妒心理一般人人都有，老师也曾有过。如果我们能够正

如何创造性地开展班级活动

确地认识嫉妒心理，及时地调整心理状态，嫉妒心就会被我们远远地抛在身后。

（2）以四人小组为单位讨论下列问题。

①嫉妒心有些什么危害？

②怎样对待别人的成功和优点？

③各组推荐代表汇报讨论结果。

教师根据汇报归纳板书：

嫉妒心的危害：损害友谊，破坏团结，阻碍进步，影响健康

健康的心理：由衷地高兴，真诚地赞美，自觉地学习

4. 教师小结

嫉妒心是一种不健康的心理，它能严重损害同学之间的友谊，破坏集体的团结，阻碍同学之间的相互了解，共同进步，同时也影响自己的身心健康。同学之间、朋友之间，应该真诚相待、友好相处，为他们的成功而由衷地高兴，对他们的优点加以真诚的赞美，并自觉学习他们的长处。

第六节　社区服务与实践活动

社区服务与实践活动，是学生走出教室和学校，融入社会生活实际和参与社会生活的有效途径，学生作为社会生活的主人，进入实际的社会活动，在直接参与各项社会生活和社会活动的过程中开展力所能及的公益性、义务性的服务活动和有益于身心健康的实践性、体验性的学习活动，极有利于实现学生社会化的过程。

一、社区服务与实践活动的类型

1. 社区服务活动

社区服务活动是指学生进入实际的社会情境中，直接参与到各种社会领域，开展一些力所能及的社区服务性、公益性、体验性的学习活动。社区服务一般具有实践性、社会性、服务性和体验性的特点。它不仅注重在社区或社会情境中学习，而且也是融研究性学习、劳动技术教育等于一体的学习活动。

开展社区服务活动的目的在于使学生关心社区建设，主动参与社区的公益活动，形成诚恳助人、乐于奉献的积极态度和情感；培养学生的公民意识、参与意识和社会责任意识；使学生学会现代社会人际交往的本领，提高沟通与合作的能力，增强团结协作的意识；培养学生学以致用、服务社会的意识，并在社区服务过程中学习新知识，体验奉献的愉悦和人间的亲情；使学生进一步了解社区生活的社会环境，增长从事社会活动所需的知识，增强适应现代社会活动的能力。

社区服务活动的内容包括：社区保洁活动、社区护绿活动、社区综合宣传活动、社区陋习纠察活动、社区敬老爱老活动、社区帮困助残活动、社区读书辅导活动、社区环保志愿者活动、社区公益劳动等。

2. 参观访问活动

参观访问活动是学生以参观者或采访者的身份参与的一种社会考察体验性的学习活动，是学生接触社会、了解社会，积累社会经验，并获得对社会物质文化、精神文化和制度文化认知、理解、体验和感悟的学习活动。体验性学习活动以丰富学生的社会阅历、生活积累和文化积累为目标。参观、考察、访问是体验性学习的基本活动方式。

开展参观访问活动的目的在于通过参观访问活动，让学生进入社会实际情境，接触社会现实，了解社会现状，理解社会基本运作方式和人类生活的基本活动，积累社会生活经验；通过社会参观、社会考察、社会调查等活动，发展学生的社会参与能力，形成参与意识和较强的公民意识；通过参观访问活动，懂得科学技术与日常生活、社会发展的关系，形成正确的科学观；通过接触不同国家、不同民族的文化，懂得理解、尊重和欣赏世界多元文化，丰富自己的文化积累；通过参观访问活动，锻炼学生接触社会、与人交往的能力，丰富学生的社会阅历。

参观访问活动的基本内容包括社会参观活动、社会考察活动、社会调查活动、社会访问活动等。

3. 劳动实践活动

劳动实践活动是以学生获得积极的劳动体验、形成良好的技术素养等多方面发展为目标，且以操作性学习为特征的学习领域。它强调学生通过人与物的作用、人与人的互动来从事操作性学习，强调学生动手与动脑相结合。"综合性"、"实践性"是其较明显的特征。

开展劳动实践活动的目的在于给学生树立全新观念，启发自我教育，激发劳动兴趣，培养劳动习惯。

劳动实践活动的基本内容包括班级常规性劳动，家政、自我服务性劳动，社会生产劳动，社区公益劳动，手工劳动等。

二、社区服务与实践活动举例

感恩的心

——慰问社区敬老院老人演出社会实践活动

一、活动目的

1. 通过公益性演出社会实践活动让学员体会到合作式学习的乐趣。

2. 为学员提供一个与社会接触为社会服务的舞台，让学员的歌唱表演技能在活动中得到锻炼和检验。

3. 进行尊老、爱老、敬老的情感渗透和教育，体会用自己的一技之长为他人带去欢乐的喜悦之情。

二、活动内容

1. 表达一个心愿。

2. 送一件小礼物。

3. 表演一台文艺节目。

三、辅导方法

引导法、练习矫正法、实践法。

四、活动准备

(一) 学生准备

1. 节目的准备。

2. 礼物的准备。

3. 通过各种渠道了解母亲节、父亲节及尊老敬老的相关知识，并搜集相关的文字、图片、音响等资料。

（二）教师准备

1. 去敬老院联系落实相关事宜。

2. 设计排演方案。

3. 录制伴奏。

4. 联系活动场地。

5. 组织学生租用或者购买活动用具。

五、活动过程

（一）准备部分

1. 教师设计活动思路和活动方案。

2. 教师第一次去敬老院联系落实活动设想。

3. 与学员交流活动设想与预案，师生共同完善活动方案。

4. 学员利用课余时间动手制作送给老人的小礼物。

5. 学员搜集与敬老爱老相关的资料。

6. 展示学员搜集到的资料。

7. 挑选演出曲目，排练文艺节目。

8. 根据节目准备演出服装。

9. 录制演出节目伴奏带。

10. 教师第二次去敬老院落实具体演出时间并安排好演出场地。

11. 做好音响的调试准备工作。

12. 打印节目单写好条幅。

（二）实施部分

1. 演出前准备

化妆、集合、布置会场、接老人入场。

2. 活动开始

（1）辅导教师导言。

（2）敬老院领导讲话。

（3）文艺演出开始，依照节目单依次演出节目。

（4）表心愿、献礼物。

全体学员排好"心"的队形，随着《感恩的心》的音乐同唱《感恩的心》并加手语表演。学员代表手捧制作的礼物在《感恩的心》间奏上场，分别表达自己对敬老院老人的祝福。全体学生在歌声中为老人献上自己制作的小礼物，如坐垫、沙包、按摩器、健身球、拉力器等。

（三）活动结束

1. 主持人上场，致辞。

2. 收拾会场。

3. 帮助敬老院工作人员把老人送回寝室，学员坐车返校。

（四）活动评价

1. 参加演出学员互评、自评。

2. 评课领导老师的评价。

3. 敬老院观看节目的领导及老人反馈意见。

4. 辅导教师评价。

参观中国人民抗日战争博物馆

一、活动设计意图

1. 培养学生的爱国主义精神，增强德育实效性。

2. 让学生重温那艰苦的岁月，体会革命领袖和先烈们为了我们的幸福生活，前赴后继，舍生忘死的伟大精神，感受到今天幸福生活的来之不易。

3. 激发青少年从小珍爱生活、创造美好生活的情感，在青少年学生心中竖起一座红色的丰碑。

二、活动准备

1. 活动联系。

2. 活动时间。

3. 工具及设备：笔、记录本、照相机等。

三、活动过程

1. 了解抗日战争的史实细节。

2. 通过观看一些具体影像资料，如图片、录像等，深入了解敌人的残暴和英雄的中国人民的不屈不挠的反抗精神。

3. 参观结束后，组织大家畅谈观后感。

4. 对搜集的信息进行整理，并以小组为单位写出心得体会。

5. 强化爱国主义教育理念，让学生明白，今天的和平幸福生活得来不易，要努力学习、继承和发扬他们的精神，传承他们的遗志。

钉纽扣

一、主题的确立：

纽扣与我们的生活息息相关，学生经常会遇到纽扣脱落的问题，怎么办？他们一般是依赖家长钉好纽扣，很少自己动手解决；如果妈妈不在身边，经常是随便将就着穿，以致衣冠不整。所以我设计"钉纽扣"这个主题活动，指导学生自己动手实践，学习钉纽扣的一般方法，体验钉纽扣的乐趣，争取今后能够自己解决生活中纽扣脱落的问题。

二、活动对象

五年级学生

三、活动时间

一节课

四、活动目标

1. 学习钉纽扣的一般方法；

2. 提高自己解决生活问题的能力；

3. 体验劳动与技术实践活动的乐趣。

五、活动过程

（一）创设情境，引出主题

1. 欣赏老师收集来的纽扣图片，了解纽扣的形状和质地；

2. 展示纽扣有问题的衣服，了解纽扣在生活中的作用；

3. 说说怎样钉纽扣。

（二）学习钉纽扣的方法和步骤，动手实践。

1. 学习钉纽扣的方法。（师生互动，教师示范）

2. 友情提示：动手实践应注意的问题。

3. 学生在衣服上尝试钉一颗纽扣。（学生练习、学生互助、老师指导）

4. 针对存在问题，指导改进。（抓典型作品展示、交流、评价）

5. 比赛钉第二颗纽扣。（人人参与，比一比哪一组钉得既好又快）

6. 各组推选出一个同学的作品参与班级交流。

六、活动总结和评价，填写活动评价表。

活动评价表

主题	评价标准	评价等级
钉纽扣	纽扣的大小适宜	优（　）良（　）一般（　）
	纽扣、线、衣服的颜色协调	优（　）良（　）一般（　）
	纽扣的位置准确	优（　）良（　）一般（　）
	纽扣钉得牢固	优（　）良（　）一般（　）
	总评等级	优（　）良（　）一般（　）

说明：三个评价等级只选一个等级，在（　）内打"√"。